仲曉玲　郭紀舟　蔡宜真　蘇于修　林慧美　劉華欣　合著

文創20+，我們依然在路上！

6條從英國到臺灣的探索路徑　6套實驗與實踐心法　6道眞實的成長風景

STAY ON THE ROAD

Six Paths on the Cultural Creative Industries

CONTENTS
目錄

Chapter 4 木果文創 文／林慧美

Chapter 5 聚思・文創 JUICY3　文／劉華欣

Chapter 6 文創教育　文／仲曉玲

推薦序一

依然在路上

（原文見13頁）

英國華威大學「文化媒體政策研究中心」教授
克里斯．畢爾頓
二〇二一年一月十五日

二十年前，在二〇〇〇年臺灣總統大選宣告在野數十年的民進黨上臺執政的一個月後，我應邀參與一個研討會，討論臺灣文化政策的未來。會場上有藝術家、政治人物、社運人士、學者及學生——洋溢著極其明顯的興奮感。一位臺灣原住民社群的代表慷慨激昂地談論臺灣迫切需要更多元的文化，其他人則說到文化民主、都市更新、臺灣與中國的文化外交。因爲不懂華語，我對此了解極爲有限；但我可以感受到那股氛圍。這是改變與希望的時刻。

那不可避免呼應了一九九七年英國的情景：新的政黨、具群眾魅力的領導人承諾「新的黎明」——以及藝術文化上的新投資。確實，臺灣的文化政策持續受到英國文化政策的影響，特別是這樣的信念：新創的「創意產業」將是社會及經濟變革的火車頭。

從二十年前的樂觀時刻到今日有發生了什麼嗎？當然，並非所有的希望都被實現，文創產業的變革力量被技術性的革命所超越，眞正文化上的改變來自全球科技公司的趨動力，而非來自政府部門。在西方，關於文化民主和文化多元的辯論重新浮上檯面，而後眾人恍然大悟：原來改變的事情並不多。儘管洋溢酷炫的平等主義風格，創意產業對許多勞動階級和少數族群而言，仍十分遙遠——不論是作爲工作者或消費者。#MeToo 提醒我們創意及媒體產業由來已久的性別不平等與剝削；對創意產業的投資已不敵撙節政策；COVID-19的危機讓這二十年來文化與創意產業政策仍未解決的結構不平等、不穩定與排外浮出檯面。現在我們面臨兩種可能，一是回歸「正常」（如果我們幸運的話），二是從過去的錯誤中學習，試著發明「新的常態」（如果我們抱持希望的話）。

在此同時，新一代年輕人仍努力尋找在文化創意產業的生存及繁榮之道。他們就是這本書鎖定的對象。儘管創意產業的文化政策仍繞著熟悉的主題打轉（文化民主、都市再生、經濟發展、社會發展、文化外交等等）而沒有太多前衛的跡象，創意產業的實務卻繼續朝新的方向演化。臺灣的文化創業家，一如英國的文化創業家，正在適應新的技術、新的受眾行爲、新的商業模式與平臺；這就是這本書的作者正在探索、詮釋和適應的「生態系統」。

這本書不是站在文化創意產業外面往內窺探，而是站在文化創意產業的中央向外展望。要航行於臺灣文化創意產業，要考量哪些現實呢？我們要怎麼將我們的創意夢想化爲商業現實呢？

文化政策有時會被簡化爲政府的意向和行動，包括國家與地方政府。當然，眞正的文化政策會不斷經由文創產業的公司、平臺、中介者與藝術家再造。這本書的六位作者思考了六個案例：實踐者與教育者在這座森林尋找蹊徑的六種經驗。生態和農業的比喻互相呼應；在這個生態系統裡，我們全都相互連結，彼此依賴。在人才培育「上游」發生的事，會透過教育與創造力影響在平臺、網路及中介者等「下游」發生的事，這些「下游」會將構想及才華轉變成事業與產品。再往下走，文化創意產業會由受眾體驗，而這些體驗會再透過教育影響我們，注入個人成長與社會轉型的新溪流。循環於焉展開，持續不歇。

這本書將教育與學習置於創意及文化創業願景的核心，從這裡，有一條線可連結到我個人在文化創意產業作爲研究及教育人員的經驗。二十年前，我們在華威大學開設碩士學程，旨在爲文創產業培育新一代的文化創業者；本書作者在前二十年從華威「文化媒體政策研究中心」畢業，現在他們是教師、研究員和創業家，都是這波東亞文化政策研究新浪潮的中堅分子，特別是在文化創意產業範疇——新的路線、新的領域、新的構想。教育可能是串起藝術實踐與商業體系、生產者與消費者、改變的夢想與實現的關鍵。

這二十年來，我們很容易對文化政策的虛妄承諾感到懷疑；但當我們訴諸這本書記錄的文化創業家和教育家的經驗，改變、希望、理想，似乎仍有可能成眞。文化與創意產業的核心仍舊是個人的創造力與社會連結，身爲教育者、學生和文化創業家，找出連結並依此行動，是我們共同的使命，任誰也無法獨自穿越這座森林。本書將幫助你勘測地域、選擇同伴、了解自己與創意產業的生態系統。要不要從這裡選一條路走，由你決定。

Rather than standing outside the cultural and creative industries looking in, this book stands in the middle looking out. What are the realities of navigating the cultural and creative industries landscape in Taiwan? How do we turn our creative dreams into business realities?

Cultural policy is sometimes reduced to the intentions and actions of governments, national and local. Of course, real cultural policy is being remade continuously by businesses, platforms, intermediaries and artists in the cultural and creative industries. In this book the authors consider six cases and six experiences of practitioners and educators finding ways through the forest. The ecological and agricultural metaphors are resonant. In this ecosystem we are all connected and mutually dependent. What happens 'upstream' in the cultivation of talent through education and creativity will affect what happens 'downstream' on the platforms, networks and intermediaries which turn ideas and talent into businesses and products. Further downstream, the cultural and creative industries are experienced by audiences, and these experiences in turn influence us through education, channelling into new streams of personal growth and social transformation. And so the cycle continues.

This book places education and learning at the core of its vision of creative and cultural entrepreneurship. There is a line back from here to my own experiences as a researcher and educator in the cultural and creative industries. Twenty years ago, we launched an MA programme at University of Warwick designed to prepare a new generation of cultural entrepreneurs for careers in the cultural and creative industries. Some of the people writing this book graduated from the Centre for Cultural and Media Policy Studies at University of Warwick over the last two decades. Some of them were my students. Now they are teachers, researchers and entrepreneurs, part of a new wave of cultural policy studies in East Asia, especially in the field of cultural and creative industries – new courses, new departments, new ideas. Education can be the key to unlock connections between artistic practice and commercial systems, between producers and consumers, between the dream of change and its realisation.

Over twenty years it is easy to be cynical about the false promises of cultural policy. But when we turn to the experiences of cultural entrepreneurs and cultural educators, captured in this book, it seems that change, hope and idealism are still possible. Individual creativity and social connection still lie at the heart of cultural and creative industries. Finding connections and acting upon them becomes our shared purpose as educators, students and cultural entrepreneurs. None of us can make it through the forest alone. This book will help you to map the territory and choose your companions, to learn about yourself and the creative industries ecology. Choosing the path from here will be up to you.

Dr Chris Bilton (Reader in Creative Industries)

Centre for Cultural and Media Policy Studies (SCAPVC)

University of Warwick

15th January 2021

Still on the Road

Twenty years ago I was invited onto a panel to discuss the future of Taiwanese cultural policy, one month after the 2000 presidential election heralded the emergence of the DPP as Taiwan's party of government after decades in opposition. In the room were artists, politicians, activists, academics and students – and a palpable feeling of excitement. A representative of one of Taiwan's indigenous minority communities spoke passionately and angrily about the urgent need for a more diverse culture. Others spoke of cultural democracy, of urban renewal, of cultural diplomacy between China and Taiwan. As a non-Mandarin speaker, I understood very little of this. But I could feel the atmosphere. This was a moment of change and of hope.

There were inescapable echoes of the UK in 1997 – a new party, a charismatic leader promising 'a new dawn' - and a new investment in the arts and culture. Indeed, Taiwan's cultural policy has continued to be influenced by UK cultural policy, not least a belief in the newly coined 'creative industries' as an engine for social and economic change.

What has happened since that moment of optimism twenty years ago? Certainly, not all of the promises have been kept. The transformative power of the cultural and creative industries has been overtaken by a technological revolution which places real cultural change in the power of global technology companies, not national governments. In the West, old debates about cultural democracy and cultural diversity have resurfaced, together with a realisation that not so much has changed. For all of their cool egalitarian style, the creative industries remain inaccessible to many working class people and minorities, both as workers and as consumers. #MeToo was a reminder of longstanding gender inequalities and exploitation in the creative and media industries workforce. Investment in the creative industries has given way to austerity. The crisis of COVID-19 has brought to the surface structural inequalities, precarities and exclusions which have remained unresolved over two decades of cultural and creative industries policy. We are now facing a possibility of going back to 'normal' (if we are lucky), or trying to invent a 'new normal' where we learn from past mistakes (if we are hopeful).

At the same time, a generation of young people is still finding ways to survive and thrive in the cultural and creative industries. These are the people this book is for. Whilst cultural policy for the creative industries continues to circle around familiar themes – cultural democracy, urban regeneration, economic development, social development, cultural diplomacy – without much evidence of forward momentum – creative industries practice has continued to evolve in new directions. Cultural entrepreneurs in Taiwan, and in the UK, are adapting to new technologies, emerging audience behaviours, new business models and platforms. This is the 'ecosystem' within which the authors of this book are exploring, interpreting and adapting.

推薦序二

在日常文創中看見生命的意義

吳思華／政治大學科技管理與智慧財產研究所教授
前政治大學校長、前教育部長

過去多年，文化創意一直是政府的施政口號，希望透過文化創意產業化的過程，帶來更大的經濟產值、創造更多的就業機會。這種科技思維的類比學習，在某些國家確實看到一些成果。但是當科技產業製造邏輯主導文化創意後，我們所能看到的是只有少數頂尖的演員創作者，能夠在偌大的舞臺上展演發光。社會多了一些明星，讓人們在煩雜的工作外，增添幾許激情，但日常生活沒有因此而有甚麼改變。

其實，文化創意從古至今都不是在封閉的體系中刻意增長的；它必須和眞實的生活直接對話，才能找到永恆的生命。只是這些創作者能以敏銳的眼光、看見細微但眞實的未來表徵，而以不同的形式加以詮釋表達，並將這些創作和同好分享，產生共鳴。今天我們所引以爲傲的文化創意，其實都是過往精緻生活的累積；而今日文創的動力，更是建築在歷史的基礎上，追求幸福的日常生活。

從歷史的角度觀察，文化的創作者很大一部分不是名門科班出身。他們只是執著於自己的興趣，將滿滿的熱情注入工作中，期盼打造出一件自己喜歡又讓人感動的作品。整個創作過程是煎熬且充滿挑戰的，但是創意人願意忍受這段痛苦的過程，讓我們看到那股令人尊敬的堅毅。

最近院線片有一部口碑不錯的電影，描述一位音樂人因爲一次意外、在瀕死昏迷時，靈魂飛到天上，進入「投胎先修班」後所遭遇的種種情景。導演透過簡潔的對話、深沈的隱喻，引導觀眾重新檢視生命的意義。讓人體會生命的價值，不在那些終將散失的功名利祿和奢望榮華，而是透過眞實的感受，探索生命的各種可能，讓世界變得不一樣。

「文創 20⁺」是一本探索文化創意的小書。六位曾經在英國攻讀文化創意相關學位的年輕朋友，回到臺灣後在不同的工作崗位上，融入自己熱愛文化創意的初心，追求心中的夢想。他們實踐文化創意的場域都不是光鮮亮麗的舞臺，而是你我都熟悉不過的日常；但是，那份堅持創作理念、創造美好世界的心意並無二致。生活在他們周遭的讀者、顧客、學生、鄰居或友人，都能完全感受到那份充滿光與熱的溫暖。透過這本書，讓我們認識到在日常生活中所進行的文化創意圖像，以及創作過程的細微巧思所帶來的感動，更令人相信「精緻生活的追求、初心眞情的堅持，和美好事物的分享」可能才是文化創意的靈魂。每一個人都堅持這樣的信念，那日常生活就會更美好，生命的意義也就自然浮現了。

推薦序三

一種相信，讓他們願意持續追尋

葉雲／天下雜誌總經理

收到委託要撰寫本書序，是在一個非常忙亂的農曆年前。雖然知道自己完全抽不出空，但由於是于修的邀請，基於在天下雜誌工作的情誼以及她創業後我們頻繁互動的夥伴關係，我在LINE中幾乎是秒回的爽快答應。

或許是因爲行業相近，看完書稿後立刻有一種怦然心動的感覺：這些追夢者，在此刻的社會氛圍中是個多麼獨特的存在!?六個故事各自精彩，但都由一條隱型的軸線貫穿：他們經常仰望天空，尋找心中的那顆北極星。在書中你可以看到他們反覆的喃喃自語、在微光中踽踽獨行……，但卻有飽滿的意志和堅定的韌性，這些能量從何而來？我想是內心的熱愛和一種相信，讓他們願意持續追尋。

隱身迪化街的水果行——豐味果品，想要把農民、土地與建築的美，翻轉成世界嚮往的臺灣印象；身在倫敦的宜貞用她深刻的英倫體驗，讓孩子開始了世界的探索；于修在板橋的巷弄間，縫合了冷漠，用一種親切、共好的想望和香氣（可能是柴燒奶茶）成為社區溫暖的一盞燈；木果的慧美，從成就顧客的初心做起，把自己鍛鍊成全能的經營者；華欣的每個生命轉折和敏捷應變，是年輕創業者最值得參考的範本；曉玲天生的教育家氣息也從字裡行間，自然流散……。透過創意、透過體驗與文化生活的詮釋，他們讓社會有了美好的天際線。

我期待這些主角們更多驚喜的人生故事，也期待這本不藏私的分享，能夠觸動更多年輕的心靈，一起探索——「在路上」。

各界熱情推薦

以文化和創意作爲資源的產業，改寫了廿一世紀的經濟學。文化創意產業是因應當下文化潮流、運用創意所形成的產業和消費，它積極靈活、充滿創意，更必須以人爲本，才能夠洞悉趨勢，釐清文化在起承轉合之間的複雜生態與結構。

人，是這本書的主題。六位作者面對不同對象，經由「共好」、「共創」、「共學」，展現了各具特色的實踐歷程；在不同的專業場域，作者眞誠面對問題，反省自身處境並設立目標，不斷吸收知識、培養能力，在學習和嘗試之中改良方法，達成價值共創。

本書呈現了另一個觀點：文化創意產業並非刻板狹隘的商業操作，而是參與在文化事業的過程中，「志於道，據於德，依於仁，游於藝」的人生實踐。

——于國華／臺北藝術大學藝術行政與管理研究所副教授兼所長

六個到全球文創大國取經、在臺灣不同領域實踐的精彩案例，本書讓讀者在臺灣文創產業發展的路徑上，透過創業者的寬闊視野與親身經歷，看到臺灣當代令人感動的可能性與生命力！

——林世傑／「Stay旅人書店」創辦人

厭倦了不是從家裡到學校，就是從家裡到辦公室，日復一日、年復一年的路徑嗎？從英國華威大學回到臺灣的六位創造家，透過在文化創意產業的自我梳理，踏上一條重新認識臺灣也重新認識自己的實踐道路，持續不放棄！想跳出框架和枷鎖嗎？這本寶典將引導你踏上改變之路！

——林育正／「臺灣體驗地圖有限公司」執行長

生命的刻痕隨著時間累積而更顯動人；創業的故事也是如此，書中收集了許多創業者不藏私的思考觀點，帶著我們一起去發現創業如何不只是創業這回事，非常推薦給邁向這條路上的朋友們！

——高慶榮／「日日田職務所」創辦人

文創一詞在臺灣走了近二十年，也看到最一開始的概念形塑，到最近幾年愈來愈多的人們深入臺灣的鄉土、回到生活，挖掘土地的養分，重新認識、重新詮釋而產出，或以商品、展演、街區的生活風格呈現。這種源自於臺灣人生活的文化創意，讓感受與體驗更爲深刻。

——張敬業／「鹿港囝仔文化事業」創辦人

創新不是發明也不是創造，是將舊有的元素重新組合產生新的價值。文創創業者總是帶著「讓世界更美好」的想望，以文化爲基底，藉由跨界的創意想像，不斷突破領域界限和市場藩籬，展開冒險的旅程，發展創新和獨特細膩的人生風景。

本書的六位作者，在臺灣推動文創產業的這二十年裡，同樣從英國創意產業的搖籃Warwick University學成歸國，帶著「以人爲本」的堅定信念，跨界投入到教育、農業、出版、設計行銷和學術的領域。本書分享了他們多年的學習與創業經驗，以及實踐生命價值的深刻體悟。想要感受文創產業的魅力和了解文創創業的眉角，一定要擁有這本絕佳的實戰指南！

——**陳明輝／「臺灣工藝美術學校」創辦人**

從事英國華威大學（University of Warwick）的留學顧問諮詢工作已長達二十多年。本書的六位作者，都是畢業於華威大學「文化媒體政策研究中心」的優秀校友。本書的內容談文化人的辛苦創業歷程，豐富又具專業性，讓我不得不用力推薦一下！期待他們精彩華威人的故事，能成爲你敢夢、築夢、實踐夢想的原動力！

——**黃月娥／「英揚留學顧問公司」主任**

隨著六位文創教練的生命歷程，找回自己創業的初心與感動！

——**葉哲岳／「臺灣田野學校」工頭**

也許是角色的相似性吧，我在書中找到多處共鳴點，甚至忍不住拿起筆記，認眞地將喜歡的文字記錄下來，沒有更多的目的，僅僅是覺得自己被這些文字所感動了……。

我是創業家、文創工作者，更曾經在大學擔任兼職講師長達五年，閱讀的過程中，我想起了自己的創業初心，也思索了我在文創領域中堅持的核心價值，更想到了當年在教育的責任之下，嘗試爲學生提供更多養分的自己……，一切的一切，都是因爲我相信文化的力量，也相信自身存在的價值。

這本書給了這些「依然在路上」的人們溫暖的支持，讓我們有勇氣繼續「使看不見的東西被看見」。

——**廖怡雅／「蘭子」共同創辦人**

此處、彼處，他鄉、故鄉。六個尋夢人負笈英倫，心靈交會；六顆種子返鄉落地，夢想不死的精彩故事。

——**蘭萱／中廣「蘭萱節目」主持人**

仲曉玲

現任成功大學規劃與設計學院—創意產業設計研究所副教授

英國華威大學創意產業博士、創意媒體企業管理研究所碩士、政治大學英語學系輔系教育學士。

二十多年來致力於在創產實務與學術教育間搭橋對話。曾擔任英國華威大學進階研究中心研究員、政治大學創新與創造力研究中心執祕、臺灣藝術大學電影系講師，並於企業界負責誠品書店臺北敦南店、達豐公關管理顧問公司、臺灣袖珍藝術博物館等之整合行銷、品牌管理、策展企劃與媒體公關等工作。投入高等教育界後，透過教學課程及產學研究計畫等，推動文創跨域共創、創產人才培育，亦曾獲兩屆成功大學教學特優教師獎勵。

郭紀舟

英國華威大學歐洲文化政策與管理碩士，東海大學歷史碩士，東海大學歷史系。

先在文化創意界打滾十年之後，開始賣農產品。曾任文建會政策幕僚，規劃文化創意產業專案，藝術村執行工作。臺北市雜誌公會任副祕書長，與各大出版社老闆共同企劃文化行銷課程。擔任紙風車文教基金會經理，專職三一九鄉村兒童藝術工程募款行銷媒體，帶隊到各地演出！與朋友創設「七色一味文化公司」，專營文創行銷，主持各項民間與政府文化活動專案。現在創業「喜歡多元文化公司」，原企劃藝術經紀，卻轉做農產品經紀，設立「豐味果品」品牌，經紀臺灣各地小農果品。

蔡宜真

輔仁大學英文系學士，英國華威大學歐洲文化政策與管理碩士，合譯有《當藝術遇上經濟》。曾旅居過法國、英國、香港，熱愛旅行，喜歡美食與烹飪，醉心文化藝術，鍾情語言文字，熱衷教與學的對話。是老師，是媽媽，也是旺寶英國遊學的顧問。

蘇于修

煮飯也煮字，右手拿筆、左手玩行銷，是整合跨界工作者，也是媽媽。保送臺大中文系，並赴英國華威大學攻讀。曾任學學文創志業行銷長、天下雜誌群行銷主管，《微笑臺灣款款行》採訪副總編輯。個人暢銷書有《走吧，去捷克！》、《房子這樣買，完全解答購屋一〇八問》等。二〇一三年創立「寬璞有限公司」、二〇一六年創立「在一起 One & Together」實體空間、二〇一七年發起「板橋文昌街生活學堂」！

林慧美

輔大大眾傳播系新聞組學士，英國華威大學創意媒體企業管理研究所碩士。長期從事媒體及文字工作，喜愛凡是以文字和圖像所創造之美，尋尋覓覓，終以爲作者圓夢、共創彼此心中極致作品爲職志。

近二十年悠遊於出版領域，曾任日月文化出版集團總編輯，現爲「木果文創有限公司」負責人暨總編輯。近年來，立基於文創核心的出版產業，如何階段性向外畫圓，以平臺結合地方智識，分享生活美學、跨域合作，持續走在創作道路上，是每日得以期盼的事。

劉華欣

社群上總自稱小劉。從臺北大學不動產與城鄉發展系畢業後，申請貸款到英國華威歐洲文化政策與管理研究所取經。到新加坡藝術協會實習後，曾在新北市（當時稱臺北縣）文化局、九歌兒童劇團、臺師大文創中心待過，二〇一〇年成立「聚思國際事業有限公司」，跌跌撞撞中成長，立志把生活中的感動，集結美好，帶給大家！

作者序

文創 20⁺，我們依然在路上

創意或許就是那一瞬間的起心動念或靈光乍現！這是一本赴英國留學返臺校友們的共同創作，集結六位畢業自「英國華威大學文化媒體政策研究中心—Centre for Cultural and Media Policy Studies, University of Warwick, UK」研究所的中生代臺灣校友，在過去二十年間，先後赴英國攻讀文化政策和創意媒體企業管理，學成返臺後各自在文創產業界的不同舞臺，持續積累著創業經歷、田野採編、跨域共學與育成的現場點滴，逐漸呈現出在文創這條路上的多道風景，而積累的養分恰恰好孕育出這本書的創意！

點滴或許尚未成河，文創產業在全球的發展逾二十年，臺灣文創產業也歷經含苞待放、遍地開花、外來與原生品牌百家爭鳴、定義與價值紛亂的不同階段，如今亟待轉型再生之際，本書開展出青壯世代的六位校友們，在臺灣各自實踐成長的現實脈絡與樣貌。難得齊聚，共創搭橋，期盼透過這本書，爲有興趣投入臺灣文創和創生領域的各界同好與青年學子，提供兼具文創實務心法和核心概念梳理，豐富自我學習、創意創業思考的路徑演練與對話參照。

這一段與校友們相聚回首的共創旅程，濃縮成文創20⁺裡的眞誠篇章，期盼與讀者們一同開展出多樣的實踐與思維路徑，以更寬廣開闊的視野，前進下一個二十年。

——**仲曉玲**

二十年前英國求學研讀，回臺開始定義文創範圍，創業自創招式，摸索荊棘蜿蜒，一路二十年風景精彩，書寫時看每人舞得淋漓盡致，拍手叫好！——**郭紀舟**

回顧創業之路，一路走來有好多人的陪伴、鼓勵與支持，眞的滿心感謝。這次與校友齊聚分享的經驗，更像是這條路上一道耀眼的陽光！——**蔡宜眞**

書寫，是不斷回望與自我整理的過程。沒有偉大的道理，卻字字眞心誠意，希望或有三言兩語，可引你共鳴。——**蘇于修**

既是作者，也是出版人；第一次同時與五位創作型作者尋求協同，在異中共生共創，爲凝練精彩而共識，作品自身即是文創，更是一趟實驗性質頗高的創作旅程，珍惜這分享的機緣，也謝謝一起努力的校友們。——**林慧美**

回首創業這條路，跌跌撞撞，會站起來是因爲伴隨著很多的鼓勵與愛，希望能帶著這份力量，透過文字將這條未完成的路與您分享。——**劉華欣**

文創二十年，從「文創產業」、「創意經濟」到「創意生態」

仲曉玲／成功大學規劃與設計學院—創意產業設計研究所副教授

「創意產業」或臺灣所稱的「文化創意產業」（文創產業），近年來已經成爲大眾熟悉的日常詞彙，出現在書店、創意市集與傳統市場、博物館、咖啡廳、建築策展空間，或者各式各樣的生活風格、設計新創或電商媒體平臺。的確，已過了青春期正式進入成人期的「創意產業」，於全球的發展至今已超過二十年。這個名詞的概念是源自一九九七年英國新工黨政府爲了振興英國經濟，而擬定知識型經濟發展策略，跳脫傳統文化產業概念，改以創意命名並且界定產業範疇的；它泛指透過個人創意、技藝及才能，形成「智慧財產權」的開發運用，進而能創造財富和就業機會的行業，例如廣告、建築、藝術文化、工藝、設計、時尚、出版、影視產業等。

回顧臺灣「文化創意產業」（文創產業）的發展，可追溯至一九九五年文建會宣示將「文化產業化，產業文化化」作為社區總體營造施政理念，啓動臺灣地方特色產業化。二〇〇二年有鑑於英國推動「創意產業」的成效，於是參照結合英國及「聯合國教科文組織」分別對於「創意產業」與「文化產業」的定義，提出臺灣「文化創意產業」概念，並於二〇一〇年公布施行的「文化創意產業發展法」中明訂「指源自創意或文化積累，透過智慧財產之形成及運用，具有創造財富與就業機會之潛力，並促進全民美學素養，使國民生活環境提升之產業」，包含視覺藝術、音樂、表演藝術、文化資產應用及展演設施、工藝產業、影視、創意生活產業等項目。注

不論是英國重視個人創意才賦的西方思維或臺灣強調集體性的文化積累，不同於過往的傳統或製造業，文創產業被視為以人才及其創意作為驅動、以文化內容保存與開發作為核心價值，透過高度的跨界連結來創造附加價值，因此，它被視為提升國家競爭力、城市品牌力、產業與地方轉型力的關鍵性資產。從二〇〇〇年代開始，「創意產業」發展潛力更是隨著知識科技的創新發展，與新舊文化的激盪和積累，逐漸從初期以個別產業分類為發展的觀點，跳脫出來，轉而強調創意產業依賴網絡的特性（多元資源互相流動連結），來創造更廣泛的「創意經濟」，驅動創新及區域發展的競爭力。

近十年來，隨著全球產業環境的高度變異和不確定性，「創意經濟」的產業連結網絡觀，也進一步延展深化為「創意生態學」的生態健全觀。創意經濟之父

約翰・赫金斯（John Howkins）藉由《創意生態：思考產生好點子》（*Creative Ecologies: Where Thinking Is a Proper Job*）這本書，引用生態理論中的模仿、共生、協作和競爭，引申爲：多樣、改變、學習與適應等這四項生態健康發展法則；創意生態強調即使具有創意人才和多元網絡化的現象，仍不足以發展創意經濟，政策制定者與產業實踐者都應該思考如何在特定的時空範圍內，與不同的人才、物產、場域，進行持續、開放及多樣化的互動，促進相互連結、適應轉變，培育以人爲核心、健康的創意生態圈，這才是產業永續發展的關鍵，也是目前文創產業仍待努力發展的方向。

六位作者、多元連結，提供哪些思考面向？

這本書以上述文創產業的概念演進脈絡爲經（個別產業—多元網絡—群落生態），以在地六項／六位實務個案爲緯，呈現在地實踐者發展過程中的多元／適應／學習／改變的發展座標。爲了呈現文創產業根本的產業思維，我們將內容分爲三大篇，每篇透過兩個實踐者親自撰筆分享，詮釋、也同時被檢視其中的發展歷程，分享方法與心法。

第一篇：以從事產業上游端的農業與文化交流培育的教育事業作爲起點，文創產業這株仍在向下扎根、向上開枝的大樹長成其最根源的土壤中的養分有哪些？第二篇：聚焦搭建橋梁與空間平臺，以「爲人圓夢」爲初心，如何透過共享空間和獨立出版運營，支持創意創業人才交流、對話、出版，創造社會與專業連結的網絡？第三篇：以更多元的產官學研民跨界跨域整合，分享愈在地愈國際的實踐與實驗，如何開展連結、如何回歸創業即教育、教育即創業的終身學習核心價值？

希望透過書中六位青壯年校友的連結、對話、梳理，創造值得我們與更多人分享的意義：

- 文創在地實踐路徑：分享與指引。國外取經後，在臺灣文創產業環境中的實踐歷程，當中的轉換、轉化、適應，呈現自我價值、眞實對話與指引。
- 文創經營成長心法：提醒與演練。在文創產業環境快速變異的過程中，演練理性與感性心法，培養創業紀律，成就自我風格，專業彈性學習的重要性、改善調節之道。
- 文創跨域素養的培育：幫助與自助。臺灣文創產業面臨轉型升級，價值紛亂，在資訊科技更發達的時代，同時需要更專注的投入、更寬廣的跨域，考驗學習者、創業者更堅實的素養基礎。透過青壯世代眞實案例，提供教科書外的實務學習。

文創20+，我們依然在路上，終身學習……

注：因應近十年來的產業環境變遷，該「文化創意產業發展法」已於二〇二〇年進行修訂，產業定義指：源自文化積累、內容或創意，透過研發創作、生產製造、傳播流通，生成及運用智慧財產，具有創造財富與就業機會潛力之產業。（相關修正草案細節說明請參見文化部官網資訊）

江森源
愛文芒果
台南楠西

180 度轉行跨界
用文創的行銷模式
經營水果！

Chapter 1

豐味果品

文 郭紀舟

從文化創業到農產創業

我將所有文創歷練所獲得的經驗放到了豐味果品的經營上，用文創的行銷模式，開始經營水果！

一九九九年我到了Warwick University 唸 European Culture Policy and Administration，導師Oliver說道，文化政策是政治與經濟還有歷史的合體策略，三者之間需要互相爲用，才能做出有用的文化政策。就算你的國家沒有文化政策，其實也是一種政策。二〇〇一年回到臺灣進入文建會，就想要寫一份可被執行、有作爲的文化政策。

二〇〇二年我擔任文建會主委的政策幕僚，當時行政院要撰擬文化創意產業政策白皮書，政府首次將文化產業當一回事，我私下邀請了華威大學歐洲文化政策與管理碩班畢業的學姊、學弟妹，大約十個人吧，一起討論如何將在英國學習的創意產業落實成爲政府推動的重要政策，透過幾次的腦力激盪，十數年前國內第一版的文創政策白皮書充滿了華威大學同學們的影子！

文創事業路徑

豐味果品 fflavour Taiwan

品牌名稱　豐味果品

成立時間　二〇一一年一月十四日

營業項目　臺灣水果、果乾、果醋、果酒、果汁、水果茶、講座空間場租

投資人數　四人

老闆＋員工　五人

地址　臺北市大同區迪化街一段二一九號

電話　〇二—二五五七六七六三

Warwick學以致用的一句話

文化衝擊可以開創視野（Culture shock can open your mind）！

——我的導師 Oliver Bennett

官網

粉專

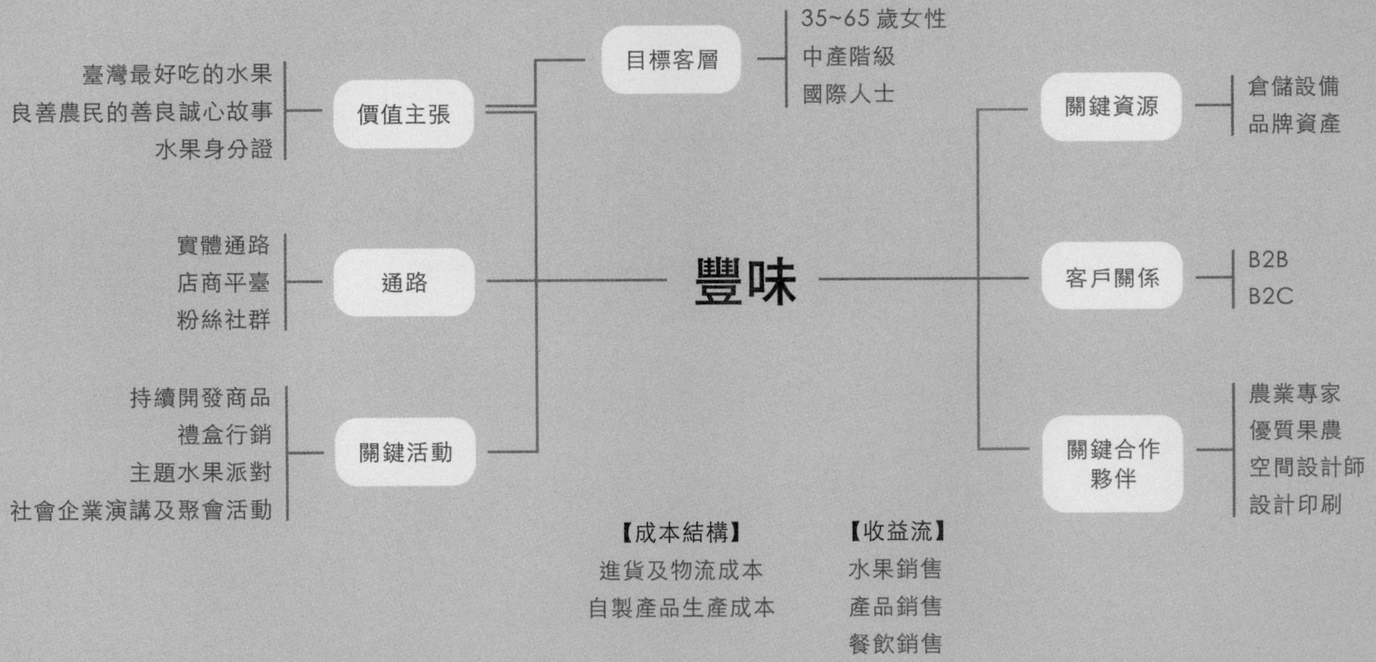
豐味
目標客層
35~65 歲女性
中產階級
國際人士
價值主張
臺灣最好吃的水果
良善農民的善良誠心故事
水果身分證
通路
實體通路
店商平臺
粉絲社群
關鍵活動
持續開發商品
禮盒行銷
主題水果派對
社會企業演講及聚會活動
關鍵資源
倉儲設備
品牌資產
客戶關係
B2B
B2C
關鍵合作夥伴
農業專家
優質果農
空間設計師
設計印刷
【成本結構】
進貨及物流成本
自製產品生產成本
【收益流】
水果銷售
產品銷售
餐飲銷售

樂在當個永遠的表演藝術店員。

把空間當作是展場，再把功能放到展場裡，

要有個性化創意。

文創產業我經歷首次政策推動與執行，之後做過出版與雜誌，也開設文創行銷品牌公司，進入到表演藝術領域，擔任過策展人與製作人，也設計文創產品過，做過藝術經紀人；文創界打滾十年之後，二〇一一年突然我開始去行銷農產品，所有朋友對我的轉變感到疑惑，甚至二〇一四年開一家賣水果的店，豐味果品，一百八十度的轉行跨界彎度讓所有人相當驚訝。我將所有文創歷練所獲得的經驗放到了豐味果品的經營上，我用文創的行銷模式，開始經營水果！

接下來我要說的是：我如何將文創模式拿來賣水果的故事！

把表演藝術拿來招呼客人

在表演舞臺上，演員所有的一切都被探照燈照得一清二楚，跟舞臺劇場臺下的觀眾相比，走入店裡的客人，更是不到一公尺近距離接觸正在表演的店員。

當新人來當店員時候，我會諄諄地告訴新人，要把自己當作演員，甚麼意思？把店裡面的空間，當作是個舞臺，進來的客人當作舞臺底下的觀眾，觀眾都在看著你的一舉手一投足，你的眼神、微笑、說話語氣的抑揚頓挫，客人都眼睛睜大看著，他們看著你，如何表現出店裡面所販賣的氣氛、空間、味道、產品。演員可以讓整個空間像有生命一般，藉著演出，說著一個店的靈魂！

所以店員的舉止、態度、臉部表情是練習過準備上臺的，甚至服裝穿著就是表演的服飾，說的話像極了舞臺劇的臺詞，臺詞講的內涵，代表這個店想要傳達的訊息，訊息含有感受、感覺、甚至要讓客人感動。在表演舞臺上，演員所有的一切都被探照燈照得一清二楚，跟舞臺劇場臺下的觀眾相比，走入店裡的客人，更是不到一公尺近距離接觸正在表演的店員。

與舞臺劇有點不同的是，店裡臺詞不見得一句都不能改變，其實得編碼不同版本的臺詞，看看踏進店裡消費者的階層、性別、年齡、單身、婚姻、家庭結構、穿著、口音、國籍等，客人一進入後立即判別決定要採用哪一種版本的臺詞，臺詞除了我交給店員的基本語彙外，店員必須先做好功課，準備各種可能的版本，能夠讓客人踏進來的五秒內，就感受到店的氛圍、備感親切、受到歡迎，三十秒之後客人會決定繼續待著，或者轉身就走！

而且這表演展場得隨時準備好，不曉得客人何時進來，一進來，臉部表情得立即轉變表演者的情緒。每個消費者都會有不同的類型，有些喜歡不斷地介紹，他喜歡更多的訊息來滿足資訊蒐集的癖好；有些客人喜歡獨自一人感受空間氣氛，給這種

紀舟的真情分享

如何讓觀眾快速欣賞你？

二〇〇八年我在紙風車基金會擔任三一九鄉村兒童藝術工程經理，帶領演員與舞臺人員經歷過一百多場下鄉演出，每一場我都要主持開場，拿著麥克風講三十分鐘，在兩千多人戶外吵雜的人聲中，慢慢引導小孩大人安靜下來，讓現場準備進入期待演出的狀態，這一百多場的演出，我學習表演藝術從臺前到臺後的準備與訓練，非常的艱辛！

表演藝術是一項非常複雜的工程，從燈光舞臺的設計搭設，舞臺的架設拆裝，演員的化妝衣飾準備，動作舞蹈與臺詞，都是要在上臺前不斷的演練演練再演練，沒有完美演出的時候。只有今天比昨天演得更好的讚美！學會表演，更容易了解如何接觸人群，接觸認識與不認識的消費族群，讓觀眾快速欣賞你！

消費者一點空間，他更融入店裡的氛圍。

若是面對老客人，就要趕快搜尋老客人版本的表演模式，當作老朋友看待：先抱怨他太久沒來，想念上次跟他聊天的愉快時光，對於上次購買的產品感覺如何？好吃與否，吃完了嗎？還要補充嗎？對於老客人的喜好，如若電腦檔案般馬上被叫出來，老客人會感受到朋友般的招呼模式。

我開店第一年，位於迪化街的後段，路上沒有人煙，一位3M的老總恰好路過，他很驚豔大稻埕老社區有一家時髦水果店，進來吃了一盤水果大爲讚賞，之後幾乎每半月都會過來一次；他支持創業的理念，同時也享受好吃水果的招待，總是在中午飯後過來，來享受靜謐午後時光，可以跟老闆好好談天！大約三個月後，他開始帶朋友來到店裡品嚐水果！等到我擴大店面營業時候，他依然帶著朋友來逛逛迪化街到店裡面來，我就會跟這位老總的朋友介紹，這根柱子的裝潢是3M老總貢獻的。他參與我的創業過程，歷經的艱辛困苦，雖然老總只是來消費，卻讓他感到店裡一點一滴有他的貢獻。

展場消費空間：要有個性化創意

展場的裝置策畫也是空間要刻意營造出來的！空間布置要有個性化創意，最主要是跟進來的人進行互動，這是展場設計裡最重要的概念。一般商業空間講究坪效，

紀舟的真情分享

文創的十八般武藝

二〇一一年謝春德攝影師於威尼斯雙年展展出「春德的盛宴，Le Festin de Chun-Te」，我擔任展覽的製作人，展出三十幅巨幅的攝影，同時舉辦「Cooking Theater」，將臺灣的傳統美食，茶米、烏魚子、紹興酒等，設置八場的饗宴，搭配臺東阿美族女祭師故事在現場演出。臺灣藝術家能夠參與威尼斯雙

在有限空間當中要有極致化的運用，通常以功能性為優先，功能得以產出的利潤為主導。在我的概念裡，要把空間當作是以展場為主，再把功能放到展場裡。

把產品放在展場空間裡面，好像是裝置一般，必須要打燈，展架放置，說明牌，進來與出去的動線設計，想要引導觀賞者必須到的地方，要有引導的設計等等，但是我現有店面不像美術館展場那麼大，得要讓觀賞者在一踏進門口，自動就與空間產生對話。

我的產品是農產品水果，整個空間設計是一個袖珍型博物館概念出發。水果是大自然的產物，有生命，會呼吸，有香氣，五顏六色的顏色表現，採用木頭來裝置整個空間；加上環保再利用的想法，與設計師商談採取棧板來布置整個店面空間，牆壁上與天花板，甚至櫃臺，都利用棧板釘上，盛裝水果也以棧板拆卸下來的木板釘製成木箱。自然的生命果實與再利用的棧板得以相互輝映。

解說牌是展品與觀賞者的媒介，依照展場的模式，我將水果的創作者，也就是種植者，他們的名字，與創作元素構想、創作的方法材質，創作的地點，經過我採訪後編織成一小段故事文字，於是幫水果說故事的解釋牌就這樣出現了！另外拍攝種植者們在創作空間，也就是在果園的照片，透過處理後放大，不見經傳的農民瞬間

年展相當困難，謝春德藝術家把握機會，不僅展出他多年的攝影成果，同時結合表演藝術、料理藝術與原住民藝術，一起於威尼斯雙年展秀出來；我協助謝春德將原住民演出與漢人客家料理結合，製作成一齣表演與料理結合的藝術展演。

展演吸引了來自法國、西班牙、德國、沙烏地、義大利、英國等國家的博物館、美術館與藝評人、媒體的關注，且被評為當年威尼斯藝術展的前十名。這場展演包括行前的製作、排演，找食材，找廚師，寫計畫募款找資金，向威尼斯雙年展單位提計畫案，聯絡法國媒體公司，運送藝術品，到現場組裝藝術品，布展，在臺灣與威尼斯當地召開記者會等等，堪稱是一項巨大藝術工程，花了六個月的時間才完成這項展覽任務。

藝術的策展製作，小至行政工作聯繫，大至跨國的展演製作，其實是任何公關公司很難想像的活動辦理，雖然最後鎂光燈落在藝術家身上，有辦法參與熬過這些困難的，可說是學全了文創的十八般武藝吧！

成了職人與達人或藝術家！接著每一樣展品與解說牌都要有對稱性，同時需要打上燈光，強調水果的質地與等級，恰如藝術創作品一般。

每次我都會跟進來的客人解說這些水果創作者——農夫，這些農夫耕作的水果一年才採收一次，沒有採收時，我們並不知道這些農夫在做甚麼，其實他們每天早晨五點出門，直到傍晚太陽下山才回家；在大太陽底下的果園作畫，用肥料、澆水當作顏料，剪刀除草機當作畫筆，整整辛勤了十個月之後，這飽滿漂亮逾含水分與甜度的水果作品，才一一呈現。農夫像極了藝術家，在無人聞問十個月辛苦耕耘之後，他的作品才會長大結果。

對待這些藝術家的展品，當然要有燈光來照射引人注目，乘載的容器也需要講究設計看來高雅美麗，同時布置的氛圍還得令人垂涎三尺，造就水果藝廊成形。

品牌內涵的建立

> 到處找尋有專業又有哲學素養的農民，是品牌建立的過程，過程緩慢又艱辛，反而成為無可取代與難以複製。

我的供應者來自農民，我並不仰賴農會或者批發市場，直接找到種植者，如何找到種植者，以及篩選出好的農民，是一個模糊的標準；在進入到果園之後，了解種

農民如藝術家一般，豐味果品會製作簡歷介紹農民故事與理念。

植有機水果是艱困的工作，水果農民必須累積相當長的年份，經驗知識才能建構出農民自己一套的種植技術。因爲多數水果一年一收成，假設今年採用A種肥料，長出來好看不夠甜，隔年再使用B種肥料試試看甜度夠不夠，農民的實驗長度是以年來計算，這就拉長了他們成本回收的時間。

也因爲如此的專業農民——我指的是專門只種植一種或兩種水果的農民，他們長期累積下來的種植知識與技術，形成一套專業領域，尤其這樣知識技術靠的是勞動時間的積累才能夠完成，因此我認爲這有著專業農民的種植哲學，這與每天勞動的時間與工作內容有關，甚至與天候節氣、日光雨水，有深層而複雜的連動關係。

例如在枋寮的黃駿騏種植愛文芒果，他是中興大學土壤碩士畢業，回到家鄉接下父親的芒果園，原本父親的芒果園種出來的芒果又小又醜，父親一直認爲是土地貧脊病蟲害太多導致的。黃駿騏接下果園後無法馬上改掉父親種植的習慣，他花時間慢慢改變土壤的結構關係，他說植物要適地適種，甚麼樣的土地適合甚麼樣的果樹是上天安排好的，但是他可以改良土地適合特種的植物。花了七年的時間慢慢讓土地與芒果樹有良好的依存關係，每一年他改變一點點土壤的酸鹼值，慢慢讓土壤

枋寮果農黃駿騏花了七年漫長時間研究，改變土壤酸鹼值與結構。讓土地長出高品質愛文芒果。

肥沃，排水快速，他自己製作有機質肥料讓樹木生長茁壯，從開花期間到結果，如何讓每顆果實都受到陽光普遍的照射，而不被太多的樹葉遮掩，有充足的光合作用等等。

實地到農民家裡採訪，深刻體會每個農民的種植哲學形塑出個別不同的生活與勞動態度，就算相同的一塊地，兩位不同的農民，A農民早上五點出門澆水，B農民七點才出門灑多一點水，他們的結果就會是不一樣；我很深刻地理解，除了土地天候孕育特種水果以外，不同的農民所種植出來的相同作物，會因爲多年累積的種植哲學技術與方法，結果出來的酸甜度、水分、外表會相當不一樣，當然品質也非常不同。

豐味果品特別要把農民的身分與種植哲學標榜出來，農民的特質有著與土地深厚的連結，農民的自我哲學造就豐味果品的品牌內容。品牌內容以行銷農民爲主，水果只是與消費者溝通的產品媒介。到處找尋有專業又有哲學素養的農民，是品牌建立的過程，過程緩慢又艱辛，反而成爲無可取代與難以複製。

剛開始的前三年必須透過各種管道接觸農民，朋友間的介紹、報章雜誌報導得獎的農民，甚至直接找各地農改場介紹優質農民、產銷班的班長等等，我大概接觸過三百多位農民，目前爲止持續合作的農民有六十多位。篩選合作對象的方法非常主觀，並不因農民種植是有機或無毒或者便宜，而是農民的種植態度——他對待植物

農業品牌經營

農夫本身的故事 → **美學經營** → **成本利潤**

農夫本身的故事

- 種植時的想法？
- 為什麼這麼種植？
- 每天出門前在想什麼？
- 跟果園產品的關係是什麼？

美學經營

- 照片美學的感動
- 包裝設計
- 為消費者設計
- 故事寫給消費者看

成本利潤

- 價值如何計算價格
- 服務的交易

與土地的方式，恰如他與親友鄰居的對待模式；與土地良善、與人和諧，專研某一種作物到極致的地步；他的生活與土地聯繫著豐富的生長關係；結果出來的果品願意與人分享種植的喜悅，不是爲了銷售價錢而種植，協助這樣的農民行銷他的快樂果實也是我的驕傲！

一般超市與水果攤並不標榜果農，最多標示產品的履歷，標示農產品的來源。但是來自於誰，消費者並不了解，當我在店裡大大地擺放出農民的照片、種植者的故事，讓消費者挑選水果時知道種植者是誰，不只安心地享用水果，更且欣賞種植者的功力，品嚐優等的果物。反饋給農民的是，有消費者來購買與認同優等高品質的栽種技術，讓他更加努力研究種植方式。

給自己出考題

行銷策略與方法是關鍵

二○○五年與朋友創立七色一味文化公司，一個文創的行銷公司，以藝術家的創作設計製作文創產品，設立網站進行銷售，相當早期的網路文創行銷，同時也代理各項藝術創作品與商品，參加各項的展售會、藝術博覽會，最早期的創意市集也都去擺攤。

行銷公司的內涵是品牌建造，藝術家的商品擁有創作理念、創作故事，設計品又有不同的造型與圖案，講究精緻、包裝，相當容易建立整體的品牌。這類文創品建立品牌比起任何的產業來得簡單，然而銷售來得困難，行銷策略與方法就成了文創品牌非常重要的一環！在這家公司每經歷過一個案子，就對行銷有更深一層的認識，這時期不斷回想在華威大學期間學到的基本上的行銷、財務管理課程，就非常有用。

與顧客的關係

每家店要能夠長久維持營運，靠的就是不斷回流的客人，有忠誠度高的客人，也表示品牌的價值與商品品質值得被信任。

還在試營運開店第一週，無論如何邀請左鄰右舍進來看看，大家都只在門口探探頭，喔！賣水果的！沒有人願意進來。營運的第一天下午三點後第一組客人竟然是三位法國人，他們一看到有芒果，劈頭就問有芒果汁嗎？於是三個法國人就坐下來喝芒果汁！接下來外國觀光客就愈來愈多。我分析幾項原因，因爲豐味果品的設計風格，比較類似歐洲的水果店，在裝飾上展場風格凸顯國際語言，畢竟水果是個在地化特色的物品，容易吸引外國觀光客的注目。

令我驚訝是外國觀光客的回流客人，相當的多！開店第二年三月的時候一位日本客人中村先生，他很喜歡吃芒果，無法將芒果帶回日本，就到處找芒果乾回日本過

癮，迪化街上幾乎每一家都在賣芒果乾，他從第一家試吃芒果乾，吃到我這一家，恰恰好那時候我的芒果乾已經賣完了，須等到五月才有新鮮的芒果可以製作，只能把去年冷凍的芒果乾給這位中村先生試吃，無法賣給他！

結果中村先生眞的五月又來到臺灣，一踏入店裡，透過友人翻譯，說我曾經告訴他五月就會有芒果乾，他特地趕來採買。他說幾個月前他吃遍每一家的芒果乾，我的品質最好，他記得那個味道，這次特地又再來一次。其實他不只來兩次，七月時候，帶了他的五位小學同學再度光臨我的店，向每位都七十歲的同學，很仔細地介紹我的店，最後每個人買了十包芒果乾回去！第四次十月的時候中村先生又帶了他太太光臨，已經像是好朋友般介紹我認識很優雅的老夫人。

還有一位小女孩張小妹，每到週末便指定要爸媽帶她來到豐味果品吃水果切盤，幾乎每個月會來兩次，小女孩喜歡靜靜地看店員切水果、打果汁與客人的互動，也不多說話，卻讓我成爲她爸媽的好朋友。小女孩從小學一年級，一路到六年級，每

來了四趟的日本中村先生（左一）

苗栗馬那邦山的草莓園位於七百公尺海拔高的山上，罕爲人知，能找到擁有這樣無毒意識的農民，像是撿到寶一般！

隔幾週就會出現，豐味果品的經營也跟著她一起茁壯，好像我們參與小女孩的成長過程，有著生命翻轉的喜悅！

每家店要能夠長久維持營運，靠的就是不斷回流的客人，有忠誠度高的客人，也表示品牌的價值與商品的品質值得被信任。對商品嚴格把關的要求，造就忠誠度的提升！

有位黃先生看到豐味大大標榜農民，探詢兩次之後，感覺我是玩眞的，直接介紹在苗栗大湖種植草莓的農民給我，那是少有無農藥種植草莓的果園，當時我沒有合適的草莓農民，便依照黃先生的指示驅車前往大湖，這位農民黃麗容的草莓園在馬那邦山七百多公尺高，是所有種植草莓園裡面海拔最高的果園，陡峭的山路，車子很難爬得上去。她的草莓園太過深山，不太有觀光客來採草莓，只給大盤商。找到這樣有無毒意識的農民，像是撿到寶一般！客戶對品牌經營的信任關係，建立在產品來源的推薦聯繫。

迪化街上跨界店家

喝果汁的儀式性讓人產生溫度，是零售小店能與大品牌連鎖店與眾不同之處，文化的溫度因爲商品在地本質而有高度的差異，人情的溫度則因爲情感的培養有愈來愈濃厚的增長。

◁豐味果品的街屋庭院空間。

建築：現代展場與歷史街屋並存

迪化街給一般人的印象是南北貨、中藥店、布料飾品，最多的是年貨大街。剛開始尋找迪化街的店面，沒一位朋友看好，甚至在迪化街商家的好友，都告訴我迪化街賣的是批發貨品，這種高檔水果很困難經營。找房東洽商更是困難，曾經跟兩位房東洽談提了營運計劃書，連房東都覺得這樣的店做不起來而被拒絕。偏偏就是對於迪化街這樣的老式建築感到癡迷，終於二〇一四年進駐到迪化街，剛開始是一間只有十五坪的小店面，位在迪化街的中北街，距離熱鬧的城隍廟有五百公尺遠，當時中北街上是空蕩蕩的，偶有載貨的貨車與摩托車經過。

迪化街算是臺北市唯一的老街，許多建築街屋保留當時建照的樣貌，從清朝時期、日治時代、光復初期等不同風格建築，到巴洛克風、洋房、紅屋瓦、山牆、天井、木造屋梁、灶腳等留下古老的歷史痕跡。尤其這些街屋是長條型，一進屋與二進屋中間都有天井或花園，避免長條型街屋見不到陽光。

然而老店家在意的是商業的交易行爲，並不太希望讓人窺探建築空間的商業內容，盡可能將商品往外推以吸引客人，有些二進屋隔間作爲倉庫，樓上可能是住家，一般人無法窺探空間演進的美妙。迪化街的中北街許多南北貨店是傳統批發爲主，並不在意店面經營，米糧乾貨紛然雜陳的味道，加上貨物滿堆分類不易，造成沒有逛街的人潮。

豐味果品後院是寬敞的戶外劇場庭院，提供表演及演講租借的場域。

當我在二〇一六年底找到更大街屋空間，便立即搬入迪化街一段二一九號，這是擁有兩進屋、中間有大的庭院、兩層樓與陽臺，大都市少有的街屋庭院空間。一開始進駐的想法就是與進來的人分享迪化街建築歷史，將天井打開，讓人能夠穿流參觀早時商家生活足跡，這與舊有的南北貨商家風格完全不同。

我把一個雅緻的展覽空間作爲銷售普遍到不行的水果，又把前後門打開，讓視線一路通徹到屋後天井，鄰居們當然都覺得不可思議，這樣的「財」氣會留不住。再將街屋空間裝潢爲展場藝廊的概念，讓人看到歷史街屋的微妙，現代展場展示與歷史街屋同時並存，新穎的商業使用空間呈現在大稻埕地圖的老街上。

商業型態：體驗式經濟

大稻埕的商家樣貌，從上市公司、大盤、批發、供應商、中盤商、零售、小攤，甚至家庭卡拉OK店各種型態不一而足，從清朝時代就是商業密集地，所有商業型態的聚足地。所以老店家的商業模式很多是批發與零售並存。

早期進駐時跟老商家是格格不入。但銷售的是水果，並不是精品或設計文創品，水果是消費者一目了然胸中有定見的商品，可以作爲批發、零售與禮品銷售；且跟鄰居商家沒有競爭的關係，新鮮水果與飲品不成爲中藥商與南北貨的威脅，反而成爲他們的助力，增添迪化街商家素材。

體驗儀式爲客人增添人情溫度，是零售小店與大品牌連鎖店與眾不同之處。

開店前在網路上銷售水果，只能以照片與文字訴說產品與農民，無法比較出高等級果品與市場上水果的差異，當開啓實體店面零售、實際與消費者接觸，便能夠讓消費者直接體驗高品質果品，與一般市場和超市的差異。豐味果品商業型態就成爲服務業，讓消費者擁有五感的體驗消費型態。

五感體驗是大多數文創產業的訴求重點，從踏入豐味果品店門，一開始是視覺的驚奇——以木棧板裝潢的類似展場的空間，懸掛農業職人的大幅照片，配置色彩豔麗的水果，甚至點購餐點飲品，色澤與擺盤都會成爲消費者手機照相留戀的地方。

水果本身就有香氣，店裡的嗅覺香氛由果品自然散發香氣上場；走入店裡飄著天然果香，彷彿進入集中式果園：芒果濃郁、柚子清雅、香瓜芬芳、檸檬酸香、芭樂清淡，草莓誘惑，各種果香有各自姿態引人聞一聞，卻不會混雜，氣味的體驗讓人心曠神怡，置身於森林之中。

味覺體驗是主要銷售目的，舌頭味覺雖然因人而異，然而味蕾絕對可以分辨甜酸苦鹹與風味。而水果的高低品質就在於酸度與甜度的比例，以及味蕾感受的香氣與風味，有時果肉的細緻度與粗獷也是重要的比評。例如屏東枋寮的芒果受到海風吹拂，與鹹濕土壤的反差，甜度直奔十五度；而臺南的芒果長在山區，雨水量有限與日夜溫差較大，有著微酸和甜味，兩者有各自的風味口感。這樣細緻的比較，透過解說品嚐，除了獲得產地品質的知識，更嚐到了味蕾分辨的差異，味覺的享受莫過於嚐到了從未嘗試的好物，會齒頰留香三日被記憶下來！

聽覺體驗就得由人工進行，音樂選配隨著季節更動，春夏季節選擇南美洲的騷沙與拉丁音樂，夏天的水果亟需陽光照射；秋冬季則爲慵懶的爵士與懷舊老歌，秋冬水果則是柚子橘子柳丁之類，需要一些的酸度散發韻味。

體感讓客人有儀式性的感覺，當他點了杯果汁，首先會去逛一下整體店裡的陳設，欣賞水果，閱讀果農故事，瞭解老闆的用意，聽老闆或員工與客人之間的聊天、爲客人詮釋水果品質的比較、訴說各樣水果的種植者故事、如何增進與客人之間的熟識與信任感，然後再去享受一杯果汁的價值。喝果汁的儀式性讓人產生溫度，是零售小店能與大品牌連鎖店與眾不同之處，文化的溫度因爲商品在地本質而有高度的差異，人情的溫度則因爲情感的培養有愈來愈濃厚的增長。體感的享受因人情的增溫與文化高緯度，影響銷售力的多寡。

媒體行銷策略

開店的第一年就有報紙媒體的報導，也有雜誌媒體的報導，第一年開始，日本雜誌與旅遊書相繼將豐味標示爲到臺北大稻埕旅遊的重要小店，香港與韓國媒體與旅遊書跟上其後，跟著電視媒體報導訪問因不同的議題接續來採訪。有幾項元素讓媒體有強烈興趣報導豐味果品。

客人在富有視覺美感的角落留下影像，是體驗經濟的一環，再分享到社交媒體又有打卡效用。

一、環境反差：大稻埕的商家多數爲南北貨與中藥行，還有食品原物料的大宗，或者新開設的文創商品店，頂級的新鮮水果與所有商家內容顯得極端不同。

二、旅遊亮點：迪化街的老建築保存讓大稻埕成爲觀光重點，國內外的觀光旅遊指南，都會將大稻埕列爲文化旅行的必去景點，豐味果品強調的臺灣水果，恰好在旅行當中有臺灣文化味，會成爲行旅的落腳點。許多旅遊書選擇大稻埕景點報導，勢必將豐味果品列爲其中之一；例如日文的臺灣旅遊書、香港的旅遊書，若要親嚐臺灣的好吃水果，豐味果品爲推薦的旅遊點。

三、美食報導：不添加糖、沒有香精，純粹以水果比例調節一杯果汁的美味，讓大愛電視臺的美食蔬果誌介紹豐味果品；果汁所引用的水果來源，有機安全無毒之外增添了故事性，例如我的芒果剉冰有新鮮的愛文芒果、臺南有機黑糖熬煮的黑糖漿、淋上手工製的芒果醬，香港的TVB電視臺一系列報導臺北巷弄美食，就把我列爲其中一集採訪對象。另外是創業理念：把我自己當作品牌內容來推銷，倒是讓我很意外，包括蘋果日報、三立電視臺、八大電視臺，以及經理人雜誌等等，都探討我的創業理念，多重創新的商業模式等等。

四、農民的經紀人：非凡電視臺的眞善美節目，跟著我一起到高雄岡山採訪種蜜棗的阿媽，還有前往南投水里的紅心芭樂果園，

帶著雜誌尋找豐味果品的日本人。

直擊我跟農民之間的互動，報導我採訪農民、與農民之間的洽商，把農民嚴選的過程細緻地披露。

一步一腳印地走訪農民，把農民故事當作品牌的內涵，又將店面裝潢得像是展場與咖啡廳，賣的卻是一般臺灣人菜市場唾手可得的水果，同時又在南北貨與中藥行環視的迪化老街……，它們完全是不花錢的媒體廣告素材，再用這些素材放置在自己的官網與社交網站，不斷的循環推播。經由口耳相傳與網路傳播，看了媒體或旅遊書的報導而來參觀與消費的客人，會拿著觀光指南與報導的內容來比對，相對的就會有打卡效用，與社交媒體的傳播效用。

紀舟的真情分享

媒體生態有哪些？先做足功課

我的第一份工作是一九九七年是任職臺灣日報的臺中縣地方記者，那一年的磨練讓我相當熟悉記者的生態，以及記者想要報導的內容，只要有一個絕佳的切入新聞點，加上一些背景與歷史描述，一篇六百字的報導很容易完成。

二〇〇一年進入到文建會時又擔任媒體小組，每天打點如何餵養新聞點給記者，我不寫官方制式的新聞稿，幫每個報社記者想不同的切入點報導，讓每份報紙所報的點盡量不同，幫記者豐富內容又不會重疊。

二〇〇三年進入到臺北市雜誌公會，認識到各雜誌社的運作，從編輯到出版、行銷與廣告，雜誌社社長想的與記者編輯完全不同，他們思考的是雜誌社運作、財務、廣告贊助，編輯內容方向如何與廣告主相關，著重經營的面向。了解各家媒體的生態與經營方針，再針對節目或編輯想要取材的方向提供素材，想要掌握媒體自動前來報導品牌，需要對媒體生態做足功課！

豐味果品的獨特性和話題性吸引許多媒體青睞報導，如：三立電視臺「臺灣亮起來」、華視「鑽石亮晶晶」、國內雜誌、日本雜誌等等。

商業模式：跨界

運用《獲利世代》一書的商業模式，發現主要客群落在三十五～六十五歲之間的女性、中產階級對食品安全與健康有理念的，另外一群爲國際的觀光客。依照這些客群所發展出來的客戶關係，以客戶之間的對話體感最是重要，這些都植基於基本的價值主張，包括臺灣最好的水果、善良的農民、誠心的故事、有身分證的水果等等，透過理念與價值，產生了彼此的獲利。在客群的關鍵活動上，會舉辦主題水果派對，例如芒果季節舉辦品嚐芒果料理，柚子季節有品柚季，與消費客群分享水果除了直接生吃以外，可以有搭配各種的食物料理，果汁，甚至釀成酒、醋。也曾舉辦製作脆梅活動，直接邀請農民來教導，一步一步教消費者動手製作脆梅，讓農民與消費者之間可以互動。

豐味果品的商業模式是個跨界的運作模式：

一、讓農業產生品牌故事的歷史脈絡，水果不只是講究甜與不甜，講究種植人的勞動歷程，專業的農人有改良生產的脈絡痕跡。

二、利用迪化街的特殊地理位置，老街意象、建築街屋、歷史人文，水果作爲本地水果風味精品，產生品牌加值的特色。

三、製造農業創意的多元商業模式，水果成爲精品與文化的品牌，國際觀光客透過異國水果的內涵表現，更加認識臺灣。

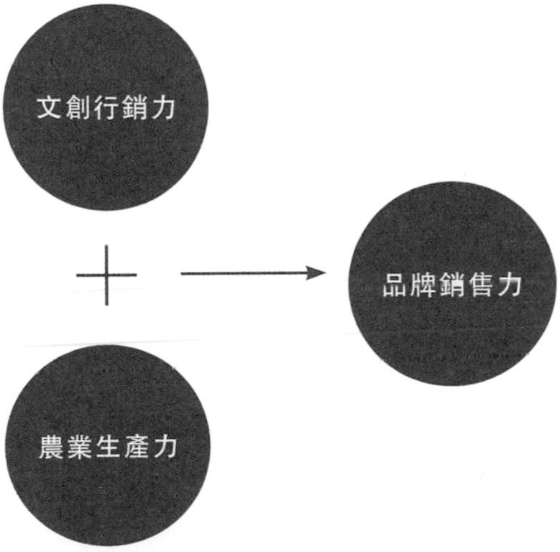

商業模式也會跟著大環境的變化而更動，面對二〇二〇年從武漢蔓延到全世界的Covid–19，豐味果品同樣陷入慌亂與困境，過去倚靠觀光客提升到國際行銷價值與營利，降到了0%的程度。如何轉向以臺灣客群，是否重新鎖定年輕族群喜好，研究外帶外送的網路訂購制度，得先找到新的商業模式，再找到獲利的成功方程式，可能是目前亟待解決的方法。

在挑戰中學習，
讓方法和知識成爲自己的武器與勇氣，
繼續往前走！

打通創業任督二脈

創業初起最困難的似乎是資金與人員，當動手把門打開的剎那，就會發現太多繁複的細節，都是創業者需要耐著性子一一解決。然而並非每一個人都是萬能，創業的每一階段都是一項挑戰與學習，需要方法工具。

每一種學科都有研究治學的方法論，方法論是一項工具，對我而言，我在東海大學歷史碩士期間讀通了史學方法，後來在英國華威大學我用同樣的史學方法撰擬文化政策的論文。當了記者的時候，史學方法論很快讓我在採訪與寫作上快速上手。即便進行到自己創業階段，商業上的創業資金、行銷策略、銷售獲利，財務計算、品牌定位，員工團隊，客戶關係等等，都跟「人」有關係，搞定了人，事情解決百分之九十，歷史學恰好是講述如何能夠以不同時空環境下的人物角色，理解與找出該歷史人物應對歷史事件的方法與模式。

善用自己每一刻學習到的方法知識，讓它成爲自己的武器與勇氣，繼續往前走！

豐富台灣水果味

做公益，讓農民種得出來賣得出去，吃到頂級果實美味。

產品，就要讓顧客吃出層次感

「豐味果品 fflavour」在設想這個品牌時，外文以法文為考量，flavour，具有風味，豐富的意思，水果的口感風味，具有層次的明顯不同，酸甜氣味帶出不同的口感，舌尖味蕾因為甜鹹酸的層層包覆，會感受到不同的心情滋味，於是「豐」比起「風」而言更多了層次的感覺，以豐味來命名。

外文 flavour 前面再加一個 f，意指 fruits，或者是 fresh，或者是 fashion 都是在首個 f 意思裡。讓名稱具有時尚感，單單是水果這種傳統性的農產品，需要有潮流時尚的提升構想！

包裝設計邀請藝術家幫忙作畫，再將圖畫設計成產品的包裝；例如芒果乾的包裝，邀請澎湖畫家鄭美珠幫忙畫種芒果的農家採收時的樣子，再設計成芒果乾的外包裝。這時已經把藝術帶入到設計領域，再完成作品的設計包裝領域，看起來雖簡單，但首先要說服藝術家協助繪畫的構想，符合於產品的想像，又要考慮到可能透過設計會扭曲掉繪畫的原本構圖，需要有效的溝通之後才能完成此做法。其實塑造一個品牌文化的困難度，也就在於創作與產品之間是否能有效的協調，讓市場需求與設計達到協作無間。

為了讓品牌更加鮮明，於是店裡面所販售的除了水果以外，還會有相關水果的各種農產品，包括果乾、果醋、果酒、油酯，以及自製的果醬，將沒有銷售出去的水果製成手工果醬販售。甚至在飲品上，也採用已經熟透沒有賣出的水果，將不同水果調和，創造混搭的新鮮果汁，不添加任何的糖精或香精，而有了口感的特殊層次。

因此豐味果品所做的嘗試，就是把既有最傳統的行業，透過藝術與文化，設計與製作，將傳統行業的商品加以翻轉成具有現代時尚感的館舍店面與商品。把在市場、街邊、超市裡最普遍化的水果農產品，透過創意的品牌行銷，翻轉水果銷售的服務模式，讓臺灣的水果有了更豐富的意涵！

曉玲老師的Q&A

Q——若以一句話，形容文創與農業的關係，那會是什麼呢？

A——好食材料理的極致表現！

Q——豐味果品透過表演化的親切服務引導到水果背後的人文故事與知識，從顧客的口感到情感，豐味果品目前在顧客關係維繫上最大的挑戰爲何？

A——透過故事與服務讓客人了解水果的價值，顧客縱使了解，卻未必消費於自身，消費意識尚未能把食品安全、身體健康、文化精神落實於自己的消費中，顧客回購的期間並不頻繁。

Q——豐味果品也重視「人」的選品，除了選擇合作農友的獨到標準外，因爲重視體驗行銷，公司員工是否也有一套特殊的選擇或培訓之道？

A——對於美學與味覺要有敏銳度，喜好農產品水果，願意與人分享自己對果品的喜好。培訓最簡單的方法是要站在顧客的立場，推薦顧客所需要的商品，最好賣的不一定客人需要，水果商品除了喜好還有身體營養機能的需求，能將知識介紹給客戶較爲重要！

Q——文創產品仰賴也培養顧客的主觀「偏好」與個人「品味」，如何看待這兩者對於豐味果品的影響？

A——豐味果品到臺灣各地尋找最好的水果呈現給消費者，尋找的過程已經有了主觀立場，展示出來的果品已經有了品味上的絕對要求，尋求的是對豐味果品的信任，對於口感、品質、精緻，有了絕對的要求。客戶會在品嚐了豐味果品的水果之後，再去品嚐其他攤商的水果，都會相形失色！

Q——豐味果品如何穩定或彈性因應農產品這項靠天吃飯的供應來源？

A——一開始這是困難的問題，常常因爲天候關係導致某種果品頓時沒有供貨來源，且需要等待一段時間！然而農民有句話：「等待到在欉紅才是最好的。」有時候讓顧客等待，讓客戶知道等待到最佳賞味期時，才是品質最好的時候！說明原因，客人會願等待到最好的出貨時機，寧可品嚐最好的果品，也不要半生不熟或爛掉的果物。

Q——從產地到餐桌，跟時間賽跑的水果鮮度，豐味果品的物流管理之道爲何？

A——品味要在最恰當的時候，方能讓味道豐滿整個味蕾，許多的熟成牛肉或熟成豬肉，都是放在低溫度控制的烘烤機器中，慢慢熟成。水果也一樣，爲了讓消費者在買回到家中，剛好熟透的那一刻去品嚐，我們在水果大約八分熟時採收，剩下的兩分熟成時間放在運送過程，或者放在店家供選購，甚至消費者買回家；等待的時間，會讓水果更加熟透，甜度變得更高！有時候品味需要新鮮度，還要有成熟度！

Q——媒體報導的廣宣效益可載舟可覆舟，紀舟會如何建議自身沒有媒體與採訪經驗的創業朋友，做好與媒體互動的功課？

A——任何媒體想要了解的並不是你全部的故事，那太長了，長得你可以講三天三夜都講不完，媒體要的是亮點，要幫忙媒體找到可以報導的亮點，或是你自己最想曝光的重點故事，在最重要的事情上大做文章，才能成爲重點宣傳！

Q——豐味果品的跨界運作模式，如何確保跨界讓產品特色更清晰，避免失焦？

A——豐味果品橫跨了傳統產業與文創業，也跨了老建築與新畫廊，跨過人文與時尚，這些都是行銷上讓產品被關注的焦點，行銷主要是讓產品的價值提升，讓價值內涵被看見；沒有了價值，產品就會只剩下價格，會變得跟街邊的攤商一樣，削價競爭！不斷的創新行銷方式與策略，主軸都在使產品表現出價值特色，而非周邊的事物或商品。

郭紀舟——豐味果品

連結文化體驗與英語終身學習

開啟交流的頻道

ROAD
AHEAD
CLOSED

Chapter 2

文　蔡宜真

旺寶英國遊學

架搭英倫文化長橋，從語言學習到創意生活

與其說是創業，倒不如說是盡一己之力推動一個理念，讓與我們有共識的學生能夠找人協助，完成他們心中的學習之旅。

我小時候喜歡集郵，喜歡看世界地圖，郵票和地圖把我小小的世界向外推開。長大後愛上旅行，旅行不僅僅是休閒、嗜好，也是我學習和開拓視野的方式。旅行中的點點滴滴，累積成生命養分，豐富了我的人生，箇中體驗無形中滾動著，成為生活上一股重要的能量。

大學主修英文，課堂上和教授們神遊作家筆下的英國，透過文學，我和英國相識。大二那年暑假，我和家人來到了英國自助旅行，透過旅行，我和沈穩內斂的英國相遇，英國丰采迷人，步伐緩慢、不費氣力地散發一絲優雅，相較於當時在臺灣盛行的美國文化，我看到了另一個英語文化圈的不同面貌，似乎從這趟旅程開始，我和英國就結下不解之緣。

文創事業路徑

品牌名稱　旺寶英國遊學

成立時間　二〇一一年四月

營業項目　與英國的優質語言課程合作，完全以個人喜好與需求，為各個年齡層的學生、兒童、上班族和退休人士量身訂做、客製規劃英國遊學行程，提供精緻而深入的遊學經驗。

服務項目

語言學校代辦：兒童、青少年暑期夏令營、成人英語課程（一般英語、雅思課程、商務英語、專業領域英語訓練）、親子遊學英語課程

旅遊行程安排：協助自由安排課外的時間，以及旅遊行程的規劃。

英國主題式遊學：顧客可選定自己喜歡的主題，打造自己的學習行程。

英國文化體驗：進入英國的食衣住行育樂等各種面向，體驗異國的文化與生活氛圍。

投資人數　獨資

老闆＋員工　二人

Email　info@womblesuk.com

官網

粉絲專頁

Warwick 學以致用的一句話

文化可以是開拓事業版圖的利器。

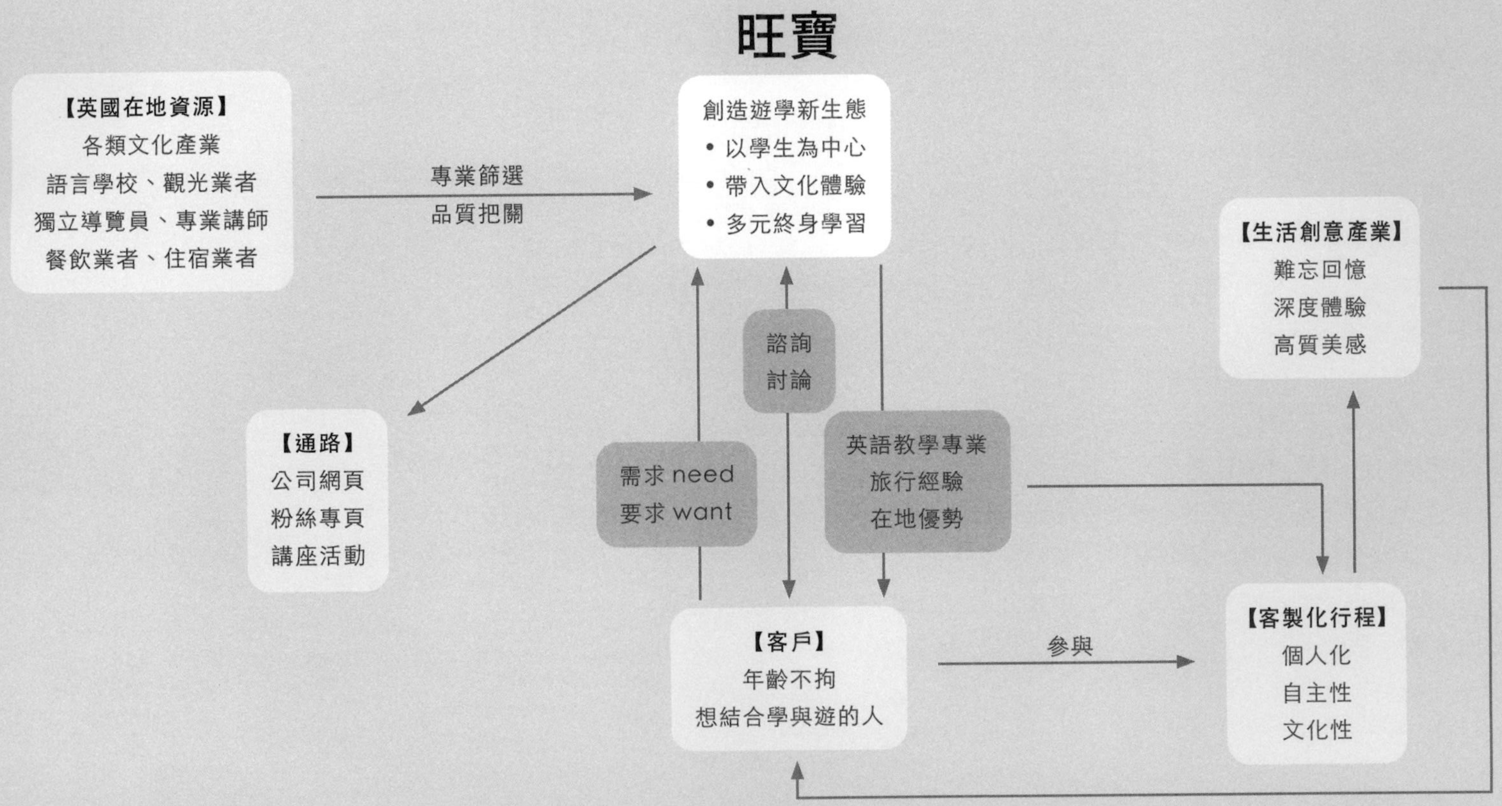
旺寶
【英國在地資源】
各類文化產業
語言學校、觀光業者
獨立導覽員、專業講師
餐飲業者、住宿業者
專業篩選
品質把關
創造遊學新生態
• 以學生為中心
• 帶入文化體驗
• 多元終身學習
【通路】
公司網頁
粉絲專頁
講座活動
需求 need
要求 want
諮詢
討論
英語教學專業
旅行經驗
在地優勢
【客戶】
年齡不拘
想結合學與遊的人
參與
【客製化行程】
個人化
自主性
文化性
【生活創意產業】
難忘回憶
深度體驗
高質美感

用新的眼光去看熟悉的事物，
驚喜就會慢慢湧出。

相信文化的力量

在工作上能把自己喜歡的事結合起來就是一種幸福，單純去做一件心裡想做的事，然後認眞去做。

計劃出國唸書時，看見了華威大學（Warwick University）的「歐盟文化政策與管理」碩士課程，這個全新的跨界領域吸引了我，年少熱情，一股腦地相信文化的

力量，就著手申請學校。不久之後，我還記得是一個下著雨的冬日，我接到了英國在臺辦事處的電話，恭喜我獲得英國政府最具代表性的旗艦獎學金——Chevening Scholarship，於是我再度來到英國，展開留學生涯。注[1]

還記得開學茶會中，我和當時的系主任 Oliver Bennett 聊天，談到對文化交流或跨文化領域相關的工作有興趣。當初的我萬萬沒想到，多年後會是透過自己創業，從英語教育出發，連結文化體驗與終身學習，朝著創意生活產業的方向經營，串起臺灣和英國之間的連結，開啓交流的頻道。「創業」對我來說是很有重量的字，之前從未出現在我的生涯規劃中，但會決定創立旺寶英國遊學的原因非常簡單，當初只是想著，工作上能把自己喜歡的事結合起來就是一種幸福，單純去做一件心裡想做的事，然後認眞去做。

創業背後的能量、發想與契機

因爲已經累積了許多想法，也做了不少研究，所以創業的想法似乎水到渠成。

畢業後待過外商公司，進入過科技產業，雖然工作上備受肯定，我總覺得好像缺少了什麼，後來很幸運地在英文教室的講臺上找到心之所在，常常期許自己帶給學生的可以超越語言上的傳授。因喜愛教育工作，所以做起事來總是帶把勁，熱情讓我多年後依然享受每個與學生互動的當下。不論是課堂上解決了學習上的難題，還

是課後消除了心中的焦慮，每一次都是學生學習與我個人專業上鍛鍊的難得經驗，看著學生慢慢成長，也驅使我自己不斷前進，邁向不同的里程碑。注[2]

定居倫敦後，我不單單親身體驗，而且深刻感受：倫敦有豐厚的古典人文素養、燦爛奪目的現代元素、兼容並蓄的多元文化社會結構，以及與時俱進的國際步伐。對我來說倫敦能給予的實在太多，宛如一個語言與文化的無邊境校園，猶如職業病發，我不時就想著如果臺灣青年學子有機會進入這個「另類英文教室」，懂得利用這座城市豐富的文化資源來學習，習得的不會只是語言，還能體驗英國生活型態，深入了解英國文化，如此必能拓展視野，並重新思考自己的定位。

十八世紀的英國作家塞繆爾．約翰遜（Samuel Johnson）曾說：「一個人如果厭倦了倫敦，那他也就厭倦了人生。」（When a man is tired of London, he is tired of life）。隨著大笨鐘敲響無數次，我們已經進入二十一世紀，這句話依然適用。

有了這樣的發想後，剛好一位前輩聯絡了我，他暑假期間想送孩子到倫敦，開啓視界，增廣見聞，請我爲他的孩子打造專屬的學習之旅。他說「共事多年，我相信妳是爲我做這件事的不二人選。」當初眞的很感謝前輩如此肯定我的能力與理念，也給了我完全的信任和授權。這樣的信任，不但把我推上一個可以發揮的舞臺，也是創業背後很重要的一股力量。

與前輩商談小孩的專屬遊學行程的細節時，發現我們對大型遊學團有相同的看法。父母拿出一筆爲數不小的費用送子女出國遊學，不外乎就是希望藉由全英語環境的學習，

鼓勵孩子單飛，學生活、學獨立。

孩子英語可以進步，同時吸收不同文化元素。但是遊學團孩子們大部分時間還是以中文互相溝通，加上蜻蜓點水般的遊覽行程，這對語言學習幫助不大，更難真正接觸當地文化，枉費了花錢、花時間出國一趟，卻沒有接收到應有的語言與文化刺激。我和前輩有共識，若要遊學，鼓勵孩子單飛會更好，這樣不但學習語言，幫助建立世界觀，甚至學生活、學獨立。

和家長有了共同認知，加上先前的一些想法，我對這個規劃與執

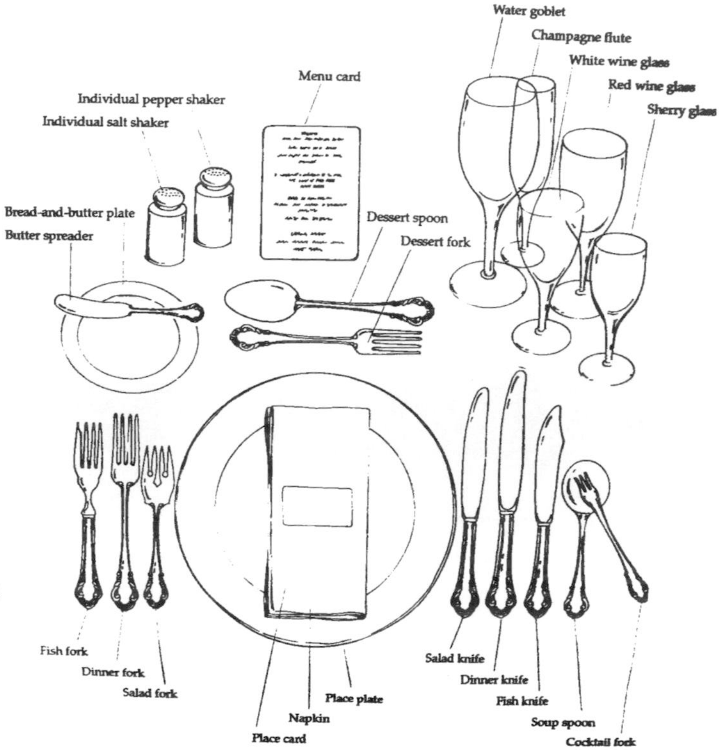

每個人生活所需的營養是差不多的，但怎麼挑選食物，選擇烹調方式，搭配什麼一起吃，用什麼器皿吃，如何吃，在什麼樣的環境吃，和不同的人如何調整吃的方法。從食物、食藝到餐桌禮儀，文化含量不斷增加，我們的生活質感也跟著提升。

行「個人化遊學」機會感到興奮。我不斷思索如何打破一般遊學模式，把焦點放在學生身上，盡可能地在短短幾週之內，帶給他語言運用上的刺激，也要有廣度、有深度地體驗英國文化與生活。在規劃過程中，除了面對面的討論外，需要不斷和家長與孩子聯繫確認很多細節，了解他們的需求和想法，慢慢地根據孩子的興趣與家長的期望，找到雙方的平衡點。孩子抵達倫敦之後，我再依照當下的情況與學生的反應不斷地調整，最後打造出專屬於他的倫敦遊學行程。這算是我第一個「客製化遊學」的專案，這讓我有機會將先前一些想法具體化執行，也爲日後的專案經營奠定了一個基礎。在這之前，因爲已經累積許多想法，也做了不少研究，所以創業的想法似乎水到渠成。

目前遊學市場上，單純選擇英語課程的學生人數最多，所以從英語課程切入市場。

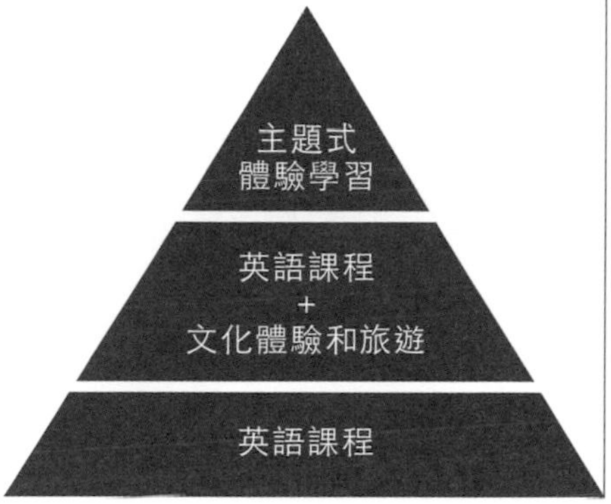

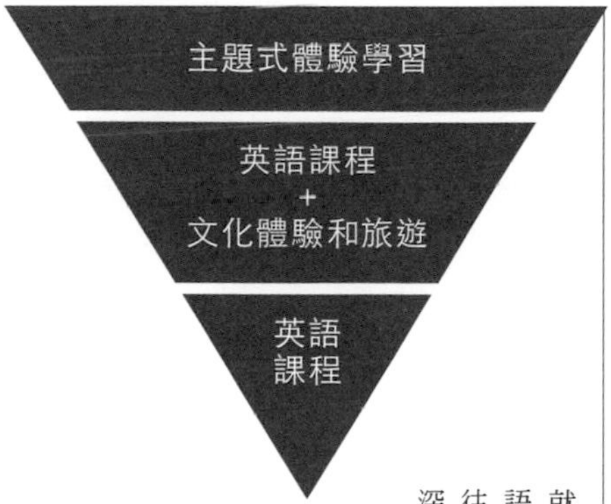

就學習範疇而言，只選擇英語課程範圍最小，我希望能往上提升，延展學習廣度與深度。

移居英國後，在沒有當地工作經驗與人脈的情況之下，一切從零開始。儘管如此，有了創業機緣，順勢帶著過去工作上一路累積下來的能量，從遊學服務切入，成立了旺寶英國遊學。公司成立的背後，是我對英語教育的熱忱，對文化的信念以及對旅行的喜愛。其實與其說是創業，倒不如說是盡一己之力推動一個理念，讓與我們有共識的學生能夠找人協助，完成他們心中的學習之旅。

給自己出考題

探入核心理念：語言、文化與創意生活，該如何融合？

不管是從事教學，或是執行遊學個案，在工作的背後有個強而有力的理念支持著我，英語學習最終不是考試成績，而是用英語和世界溝通連結；引導學生有這一層體認，是非常重要的，而具體做法又該如何？

一、給動力：敞開心扉，走向世界

語言與文化緊緊相扣，語言學習是開啟另一個世界的鑰匙，跨越文化藩籬的工具，拓展人生向度的魔杖。去了解語言背後的文化，是語言學習中另一個更高的層次，語言在此只是媒介。這種學習是長期的，學習效果無法量化，但卻豐富了人生，帶給學習者視野的開拓與心中的悸動，這一路下來的風景和成長只有學習者自己能體會。因此，我們鼓勵出走，要自己踏出腳步去探索。

二、給釣竿：了解文化不能只在表層

隨著全球化的浪潮和網路科技發達，語言學習終會抵達跨文化溝通這條路。當語言結構非溝通的唯一要素時，文化厚度將決定成敗。一個人學外語時可以有驚人的字彙量，能輕鬆駕馭語法和語意，但如果不懂文化、沒有文化包容力，溝通時還是會碰到銅牆鐵壁般的阻力，格格不入。哥倫比亞大學語言學教授約翰．麥克沃特（John McWhorter）曾說，少了文化元素，一個人說起外語來像是空殼或影子一般。換句話說，懂得語言結構之後，語言學習要提升到在跨文化的溝通中，展現理解與包容、人類共同情感、甚至是同理心。想要培養自己的文化軟實力，最好的方法是真實接觸，透過體驗去學習。

三、給契機：回頭找母國文化的定位

當我們在試圖瞭解或體驗他國文化時，並不代表一昧地吸收模仿而屏棄自己的文化；相反的，有了不同的刺激，通常會抱著不同的角度檢視自己的母國文化，很快的我們會發現學習別的語言和文化時，這學習過程並非單向的。"Kncwing others; knowing oneself." 這句話點出了我們在瞭解其他文化的同時，會帶出更多深層的反思，因而更澄清明澈地了解自己，對自我文化更有認同感。學生來英國遊學的時候，不論是被要求介紹臺灣的歷史、文化習俗或是生活型態，都是一個正向的刺激。大部分人會重新審視習以為常的事物，然後提出質疑，從中找到自己的文化定位，甚至因此對臺灣產生更深的情感連結，最終思考如何回饋臺灣這塊土地。

打破疆界經營，確認「客製化」服務定位

想帶給臺灣學生更扎實的遊學經驗，就必須打破現存的遊學代辦框架，超越原有疆界，如此才能爲遊學學生帶來價值創新。想要創新，可以充滿想像，但如何落地執行，需要一步一腳印地用心努力。一路走下來難免跌跌撞撞，但從不同的個案經驗中不斷學習，經營過程中也慢慢調整找到了利基。

這利基就是「客製化」遊學服務。「客製化遊學」以學生要求與需求爲中心，爲學生量身訂做專屬的遊學行程。希望從遊中學，學中遊，學知識，育素養，透過文

旅行是爲了發現不同的自己，
讓我們鼓起勇氣，邁出步伐！

化帶入深度與美感，創造優質的整體經驗。我把「客製化」遊學服務分爲三個層次，學生可以依照自己的需求選擇。

把最基本的服務做到極致

創業時由熟悉的英語教學專業入手，所以規劃「語言學校代辦」作爲最基礎的服務項目，這也是遊學產業中需求量最大的服務。就因爲基本，更應該用心經營。唯有如此，遊學代辦的工作才能提升到另一個層次，提供學生附加價值；換句話說，代辦的基本服務在旺寶英國遊學顧問手中，要做得更專業、細膩貼心與個人化，讓學生感受到其價值。

① 提供專業顧問諮詢，給一份安心依靠

我以專業的「遊學顧問」自許，運用多年來豐富的教學經驗，展現英語教育上的專業，在琳瑯滿目的選擇中過濾出適合學生需求的課程以供選擇。身爲顧問，必須

對學校和課程有詳實的了解，對於學校課程特色、所在的地理環境、交通便利性、硬體設施、學生支援與照顧、國籍分配比例、經營風格等資訊有全盤掌握，如此一來，才能梳理出學生需要的訊息，提供第一手資訊，並且誠實、精確分析每個方案的利弊，協助學生參與規劃過程；同時，顧問對臺灣和英國兩地有相當了解，能輕易跨越語言與文化隔閡，減少行程安排上的困難。

②新世代新語言，用創意引導參與規劃

想要打造難忘的遊學經驗，要從引導學生一同參與行前規劃開始。在教育層面上是鼓勵「自主學習」，同時也是融入創意生活產業中「顧客參與」的概念。既然學生是遊學行程的中心，顧問就要確實詢問每個學生想要什麼、找出他們眞正需求，要讓學生知道哪些選項適合他們，最後由他們自己做決定，因此行前規劃時的溝通格外重要。在我過去的經驗中，很多臺灣年輕學生在成長過程中，已經習慣時間被老師和家長排得滿滿的，要他們參與規劃、主動表達需求和手握決定權時，常常顯得不知所措。但是透過顧問提供充足的遊學資訊和雙方充分地討論，最終學生在面對選擇時會去思考他眞正要的是什麼。學生的自主性從規劃行程開始，展開行程後，遇上不同狀況，學生還要主動去了解更多資訊，爲自己做出更多決定。遊學可以是個人的翻轉教室，參與規劃就是學生的預習工作。

遊學的經驗可能是個開頭，是一個過程，也可能是個轉折。

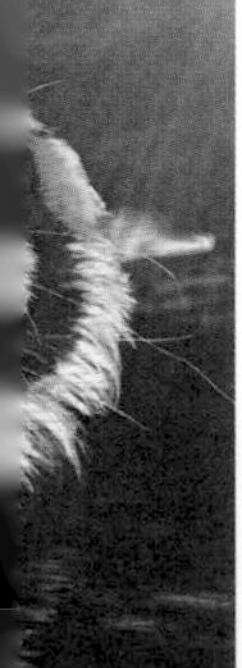

③尊重個人的差異性，帶入文化體驗元素

我們將每一位學生視爲不同個體，注重每個人的差異性，行前諮詢的目的就是要了解學生每個環節的要求，包含學習上自我的期望、英文程度、特殊需求、住宿要求、預算、遊學時間等等，思考如何量身打造個人化遊學行程。除此之外，顧問依照學生的個人興趣與狀況提出建議，有時這些看似微不足道的整合性考量，常常是讓遊學萬分精彩的重要因素，也是旺寶英國遊學附加價值的展現。在這個階段我們開始把「文化體驗」元素納入學生的行程中，由考量細節交疊出專業與服務質感，提供優質的「整體經驗」。

我舉幾個例子，碰上網球迷，就建議在溫布頓錦標賽期間（Wimbledon Championships）就讀位於溫布頓的語言學校，不但方便前往球場朝聖，還可以每天近距離感受這場英國一年一度網球盛事和參與周邊活動；曾接到計劃從事藝術、設計相關工作的學生詢問，其實語言課程不是唯一選擇，建議他們考慮搭配倫敦藝術大學的短期專業課程，體驗頂尖英國藝術學院的教學風格與藝術活力，並預留時間走訪該年度的倫敦設計展和參與藝術設計相關的活動，鼓勵多方接觸，希望能接收更多刺激與啓發；遇上就讀國際學校的中學生，我則和學生討論，是否考慮參加在牛津學院舉辦的預備大學主題課程，和來自英國、美國、澳洲、杜拜等全世界各地的英語系學生互相切磋，培養國際競爭力，體驗英國教育方式，也爲將來出國深造做準備；看到已經被課業壓得喘不過氣來的孩子，那就選擇玩樂中學習的課程，

學習分辨英國茶、跨藝術欣賞、Notting Hill Carnival……參與各種文化體驗是不可或缺的一環。

換個環境與方式，讓他們快樂學習，也有個沈澱思考的時間與空間。這些都是給學生的建議和選擇，最後決定權在學生手上。這些建議常常有拋磚引玉的效果，帶出學生對行程的更多想法、更多問題，引出更深入的討論，學生對自我也有進一步探索，最後爲自己規劃出有特色的行程。

敞開心扉，走向世界。

看似簡單的語言學校代辦，在旺寶英國遊學的手上用專業規劃出「個人化」，帶出「自主性」，加入「文化性」，展現核心知識，注重服務品質，這種顧問形式的遊學代辦勢必要花費心力與時間；但我從一開始就沒打算經營一間拚產量的「工廠」，而是希望設立一座重質不重量的「客製遊學精坊」，這原則至今都沒有改變。慢工出細活，唯有如此才能提供優質服務，給學生不同的經驗，呈現我們的價值。

打破框架，給顧客「未曾擁有過的」體驗

有了語言學校代辦服務爲基礎後，第二步我們提供體驗導向的旅遊服務，滿足語言課程以外的需求；這超越了一般遊學代辦的疆界，提供學生未曾擁有過的創新服務價值。臺灣人已遠離「上車睡覺，下車看廟，走到景點拍拍照」的旅遊方式，所

當所有觀光客蜂湧至大英博物館參觀，你有沒有想過其他博物館可能更適合你？或許喜歡設計和工藝的你，到 V&A 博物館會更有共鳴。

以我們運用專業知識，整合資源，依照學生的興趣客製安排旅遊與文化體驗活動。學生在本地人的帶領下，放慢步伐，甚至透過互動和參與，爲語言學習注入一股文化力。

除了安排學生走訪必到景點和分享口袋名單外，我們還希望學生有機會體驗英國人生活的方式。我記得英國研究所的第一堂課，教授帶著我們討論什麼是「文化」。就如英國文化理論家雷蒙德．威廉斯（Raymond Williams）說的，「文化」是英語中兩三個最爲複雜的詞彙之一，而其中一個定義便是人們「整體的生活方式」。其實文化在生活中以不同面貌出現，「生活」對英國人看似稀鬆平常，但對國際學生來說卻是豐富語言學習經驗的文化養分，這些體驗可以給學生帶來不一樣的視界，也常常是有趣的經驗。

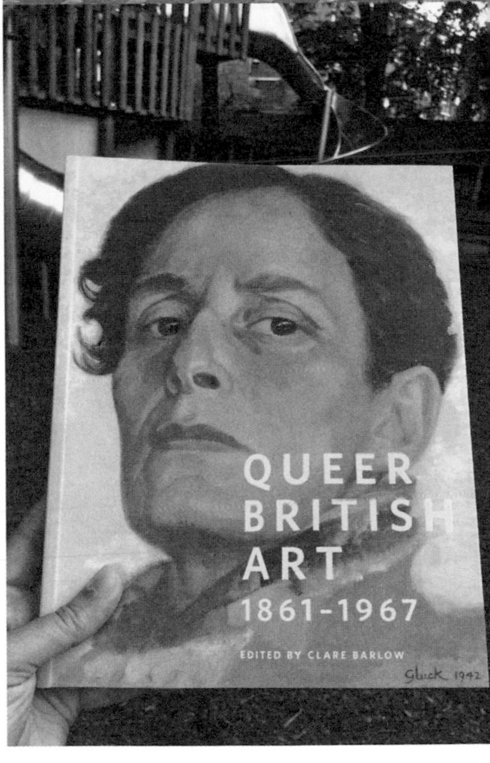

對英國「酷兒」文化有興趣的學習者，第一站就先從走訪倫敦最有歷史的LGBTQ獨立書店開始，之後繼續尋找相關的表演、影視作品、藝術展覽、文創小店等，不論是參與活動或消費支持，文化心靈已經連結，過程中產生的漣漪效應是長期的。

儘管網路發達，但是慢慢來，

親身體驗文化以及與人的交流，

是無法被取代的。

—— 嚴長壽

英國詩人艾略特（T.S Eliot）談戰後英國文化，提到德比賽馬日、亨利皇家賽艇日、松雀狩獵季節、英格蘭足總杯決賽、溫斯利代爾起司（Wensleydale Cheese）、醋漬紅菜頭，至今這些都還是英國人生活文化中頗具代表性的事物與活動。學生們的文化體驗可以是英國社交季節中重要的活動、體育運動、休閒方式、宗教節日、季節性的活動與慶典、飲食、生活教育、自然生態、流行時尚、次文化、甚至是由移民帶入的多元文化等等。儘管英語教學日趨多元化，教材日益精緻與生活化，學習管道也變多了，但想透過文化體驗，深入了解一個民族的生活習性與生活模式，需要一些引導，還要加上時間和大環境配合，所以不論是課堂訓練或是網路學習，目前都難以取代。強調透過生活來體驗英國文化，是旺寶有別於其他遊學業者的另一經營特色。

學習有兩面，理性與感性，知道艾爾加（Edward Elgar）是英國重要的音樂家，這是理性知識學習，但如果能現場觀賞BBC夏日逍遙音樂會（BBC Proms）的最後一場表演，聽到艾爾加〈威風凜凜進行曲〉音樂一起，看到許多人揮舞著國旗，心情跟著澎湃，忍不住一同大聲齊唱，從中感受這位音樂家在英國人生活中扮演的角色，臣服於古典音樂力量帶來的感動，這是感性體驗，是心情分享，是與聲音之美的連結。

被稱為「紳士運動」的英式板球到底是什麼？自己下場體驗吧！

宜真的真情分享

善用軟實力：以在地生活觀點看英國酒館文化

我個人覺得，英國的酒館（pub）文化足以媲美法國的咖啡館文化。在我們常安排的體驗活動中，英國酒館文化體驗廣受學生歡迎，酒館文化讓他們一窺英國生活的多個面向。大部分的臺灣學生與英國人對酒館的認知大相逕庭，有些臺灣學生甚至對「酒館」的印象不好，酒館裡常擠得水泄不通，還有一大群人站在門外，每個人手上拿著一杯酒嘰哩呱啦和朋友聊天，這景象的確會令某些人怯步，搞不好只想快步離開，和這些「酒鬼」劃清界線。

但在英國，酒館卻和英國人生活密不可分，它就是一個放鬆與社交的場所。上班族相約下班後在酒館相聚，喝個幾杯才回家是常有的事。從羅馬時代演化至今，在酒館喝酒聊天是一種生活習慣，一種不可或缺的社交形式。莎士比亞（Shakespeare）、阿瑟．柯南．道爾（Arthur Conan Doyle）爵士都是酒館常客，查爾斯．狄更斯（Charles Dickens）筆下也出現過英國酒館的場景。發現DNA的生物學家詹姆士華生（James Watson）與法蘭西克里克（Francis Crick）在劍橋的老鷹酒吧（The Eagle）定期用餐討論，最後在這裡宣布他們「發現了生命的祕密」（We have discovered the secret of life）。在這裡可以看到英國飲酒社交文化，沒有勸酒或是乾杯習慣，而是隨自己的意願；在這裡你可以和同事、好友隨心所欲地聊，也可以認識新的朋友。而在這裡怎樣開口說英文，和英國人聊天社交變成了一門課，也是要學習的藝術。

此外，來英國的學生除了英式炸魚薯條外，請你給酒館的招牌菜「週日烤肉餐」（Sunday Roast）一個機會吧！傳統的烤牛、羊肉或烤雞，配上約克夏布丁（Yorkshire Pudding）、馬鈴薯與蔬菜，最後淋上畫龍點睛的肉汁，連我們挑嘴的義大利學生和臺灣老饕都對英國的週日烤肉餐讚不絕口。週末時的酒館常是家庭聚餐的選擇，不難看到家人或朋友相約在酒館一同享用Sunday Roast，同時談天說地，聯繫感情。

暑假期間學生人數比較多時，我們安排旺寶英國遊學的學生在酒館聚會，大家除了體驗英國酒館文化外，同時分享自己的遊學經驗。同學中有人是第一次來英國，有一些已經不是第一次跟著我們來英國遊學，而每個人選擇的課程與旅遊行程也都不同，都有自己的故事可以分享，和大家交流。

酒吧是社交的重要場所，在劍橋更是學術討論殿堂的延伸。我們的同學文化體驗的地點是「老鷹酒吧」（The Eagle）。一九五三年，兩位科學家在這個創於十八世紀的酒吧對眾人宣布，他們發現「去氧核醣核酸」（DNA），從而樹立了科學史上劃時代的里程碑。

小衆其實不小：主題式遊學

最後一個層次的客製化主題遊學，是提供完全不需英語課程搭配的小眾客群，他們很清楚深度旅遊學習帶給他們的快樂與益處，想直接進入倫敦這個沒有圍牆的學習空間。這類學習者目標清楚，在初步諮詢中能明白地告訴我他們的需求，需要協助安排的主題爲何，邁入體驗學習、終身學習的概念與實踐。

我來分享一個以「美食」爲主題的專案。曾留學英國的C小姐是企業負責人，職場多年，跑遍全世界，同時是位吃遍大江南北的美食家，當大家嘲笑英國食物時，她給我出了一個功課，她希望來個「倫敦美食朝聖」。其實過去二十幾年來，英國的飲食界出現了很大的改變，是否到「飲食革命」的地步，見仁見智，但英國人的飲食觀念和對食材要求的確不斷地提升。許多主廚以傳統法式烹飪技巧爲骨幹，善用英國當地食材，汲取多元移民的風味，把各國菜餚的精髓巧妙運用在現代英國料理（Modern British Cuisine）中，不僅創意無限，更是慢慢形成一種風格。首都倫敦因人口激增，加上新世代消費模式改變，食客老饕對用餐品質標準也愈來愈高，同時國際餐飲人才進駐，這一切在倫敦激盪出一片飲食新天地。法國名廚羅布松（Joël Robuchon）認爲，倫敦有現代感，有創意，總是不斷創新，已取代沈睡的巴黎。廚藝界重量級人物杜卡斯（Alain Ducasse），也公開爲倫敦背書，稱倫敦爲「世界美食之都」。一個國家的飲食反映了該地的歷史文化與人民生活，我有幸身在倫敦現場，一窺文化與飲食微妙交錯的結果。但若是行程緊湊的觀光客，就

Kris與Julia這對鍾情音樂劇的母女，完成了屬於他們的親子音樂劇之旅。

難有機會透過飲食之美來了解英國，所以我仔細思索如何在「倫敦美食朝聖」專案中，顛覆英國食物乏善可陳的刻板印象，在短短幾天內引領C小姐看到倫敦美食新世界。

執行專案時，先帶C小姐前往當地人才去的好地方，接觸倫敦當時的潮流飲食，另安排了五星級飯店裡優雅的英式下午茶體驗。重頭戲放在兩家能代表英國現代料理的米其林星級餐廳。我的首選是英國廚神布魯門薩爾（Heston Blumenthal）的倫敦餐廳 Dinner by Heston Blumenthal。這位以分子料理聞名，同時點子不斷的鬼才廚師，再度發揮創意，他從英國歷史中汲取靈感，與飲食歷史學家合作，為餐廳設計菜色，菜單上的每一道菜都來自英國不同的時期，透過廚師現代的詮釋，加上精湛的廚藝，食客吃到的是有歷史感的現代英國精緻料理（Fine Dining）。C小姐回憶到當天的用餐經驗，「陰鬱的天氣裡，我覺得嘴裡的英國，真是鮮活極了！」

「地獄主廚」戈登然西（Gordon Ramsay），在電視節目上髒話沒省過，罵人不留情面，很難相信他在倫敦的旗艦餐廳 Restaurant Gordon Ramsay，高雅低調，閃著米其林三星的光芒。我會選這家餐廳，是因為從菜色、服務，到對細節的講究，每個環節都表現得無懈可擊。氣氛上沒有法國餐廳的華貴和驕氣，但輕鬆中不失優雅，非常符合現代英國的調性；最後安排C小姐進入廚房參觀，一探三顆星餐廳的祕密基地。C小姐回臺後和其他人分享自己的經驗：「美食是跨文化的，與侍者談

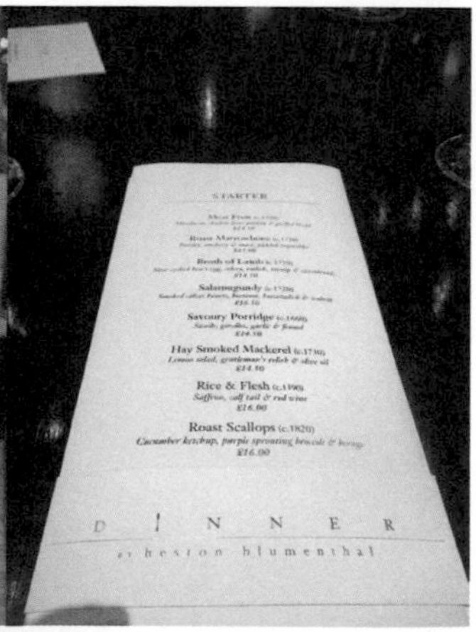

Meat Fruit 是 Dinner 最搶眼的開胃菜，源自英國中世紀「金黃蘋果」這道菜，讓人搞不清究竟是水果還是肉。包裹在橘子果凍裡的雞肝與鵝肝慕絲，絲滑順口，驚艷你的視覺和味蕾，帶你穿越時空。

酒談菜，樂趣無窮。美食之旅中，如果讀不懂英文菜單，也就失去了品味的樂趣，只能任人分配，但蔡小姐把英國美食體驗結合美食英文，精彩呈現。短短幾天，我對英國飲食有了嶄新的認識，我從飲食文化所體驗的，讓我對倫敦有了新的認識。對我來說，這是一趟難得的遊學，只是這次學的不是英文，是飲食文化，是旅行充電。」

既然打著「客製化」招牌，自然就會接到許多形形色色不同的客製需求；規劃適合客人的安排，常常要善用資源，發揮創意，步步完成專案。曾經收到家長帶孩子到英國住遊一年的諮詢，由於遊學時間較長，需要考量的面向很多，儘管過程不易，最後仍順利安排孩子入學，完成他們異國住遊的夢想。還碰過有一位媽媽來倫敦工作兩週，想趁著這個難得的機會，帶著唸幼兒園的女兒同行，白天工作時，女兒能學英文同時體驗英國不同的生活方式。考量家長需求與小孩狀況後，我提出引用英國傳統「家庭教師」（Governess）的做法，爲小女兒訂製第一次英國遊學體驗。曾在英國求學多年的家長，對英國貴族駐家的私人教師傳統不陌生，馬上拍板敲定這樣的安排。因爲孩子年幼，不適合過多嚴肅的學科學習，最好的方式是在全英文的環境中遊玩，從一般生活作息中體驗生活教育，自然而然學習英文，所以直接挑選資歷豐富的英國私人教師協助執行，這個安排兼顧了家長的要求與孩子的需求。

與孩子一起以好奇心挖掘生活的美好。

跨界經營生活創意產業

> 每個學生都是獨特的專案，每個專案都是一件充滿跨界元素的作品，每位學生帶回的經驗、體驗、感受都不同，娓娓道來的故事各有千秋。

旺寶英國遊學雖然登記在「教育服務」的產業下，但一直努力地朝著文化生活創意產業的方向經營。英國是個可以盡情發揮的舞臺，我們將手上的資源，根據專案需求注入文化力，呈現新風貌，傳達生活價值，與消費者共創體驗與感動。工作上我不僅僅是臺灣與英國兩地之間的雙向橋梁，同時也是一個跨產業知識整合的平臺，跨越英語教育、文化體驗、觀光休閒等產業之間彼此的界線，用創意提供消費者更多可能性，透過創意和文化的交會，提供學習者體驗質感和品味的綜合感受，賣給學生的是屬於他自己的生活體驗和難忘的回憶。

每個學生都是獨特的專案，每個專案都是一件充滿跨界元素的作品，每位學生帶回的經驗、體驗、感受

學生安心時，他的心會無懼地敞開，看見自己身處在這個有百年歷史的交通系統裡，瀟灑展開屬於自己的旅程。

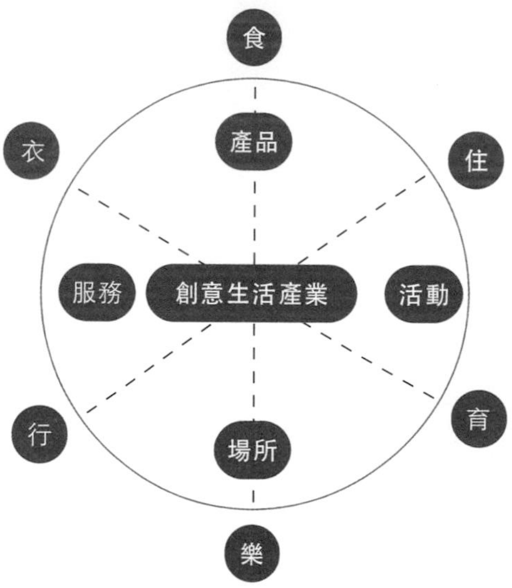

根據二〇一〇年文建會公告「臺灣文創產業類別及涵蓋範圍」：創意生活產業，指從事以創意整合生活產業之核心知識，提供具有深度體驗及高質美感之行業，包括：飲食文化體驗、生活教育體驗、自然生態體驗、流行時尚體驗、特定文物體驗、工藝文化體驗等行業。

（圖示來源／經濟部工業局網站）

都不同，娓娓道來的故事各有千秋。儘管我們提供的主要是服務，是「無形商品」，但是在執行個案的過程中，與學生想法上的交流、給他們安心的陪伴、與他們互動，僅管看不見摸不著，卻都是旺寶英國遊學重要的產出。

不同的工作型態，發現更多可能

現在回頭看，創業意外地平衡了我的生活，工作給了我在兩個角色中成長的空間。

網路行動辦公室

因應這種新型態的服務，保持機動性，電腦、手機在哪，我的辦公室就在哪！旺寶英國遊學是位於倫敦的教育服務機構，但臺灣卻是主要市場。一開始在臺灣沒有實體店面或辦公室，的確是業務上的一大挑戰。所幸用心努力，對於品質與專業性的堅持漸漸克服了這個障礙。由於學生對於遊學的整體經驗滿意度很高，學生群中回流的人數不少，好口碑變成了我們最佳的行銷利器，許多舊生也成了我們的最佳代言人。

宜真的真情分享

如何把握核心競爭力

在我的經驗中，經營創意生活產業除了需要跳脫原有軌道，擁抱新觀念外，營運上也可以把握幾個原則：

1 **以人為本**：經營過程中有一個很重要的想法貫穿事業上的各個面向：學生是我們的中心，要真心把自己當作學生、把自己當家長，試想他們希望從遊學中獲得什麼體驗。我們賣的是消費者對生活的情感，需要帶感性去真心經營，透過一對一的雙向溝通，仔細聆聽與對話，加上直接且坦率的互動，進而展現商品的文化含量和價值，最後用心履行對消費者的承諾。

2 **保持彈性**：體驗的感覺與美感的定義是非常主觀的，無法有同一套法則套用在所有專案中，因此不帶評論地保持彈性去面對所有的事，是很重要的。我們永遠不知道會遇上什麼樣的客人，需要滿足怎樣的喜好與要求，同時會面對不同的情感與心靈。當我們看見獨特性，彈性能提供執行層面上更多可能性，彈性也給消費者尊重與舒適感。

3 **創意心靈**：創意心靈是對生活源源不絕的好奇心，是保持生活繽紛的熱情，是挖掘生活美好的渴望。生活是流動的，改變不斷發生，經營者認真對待身邊的變化，培養對生活的感受力，不斷從生活中萃取靈感，如此才能有效結合核心知識，經營出有趣味、有品味的生活創意事業。

數位時代，網頁與粉專就是我辦公室的大門，同時也是另一個行銷管道。儘管旅居海外，但與臺灣學生的行前諮詢、行程規劃與報名手續等，完全不受地緣影響，基本業務幾乎都可以透過電話、網路完成。日後陸續也接過來自日本、德國、義大利的學生，網路流動辦公室似乎同時打破市場國界。

彈性工作

創業不久後，兒子出生了。雖然在家工作，但專業程度依舊不容馬虎，還同時要全職照顧新生兒，我成了英國人口中的創業媽媽（Mumpreneur），用現在流行話來說就是「斜槓媽媽」。英國的工作文化與臺灣不同，不少家長爲了照顧孩子在家工作（work from home），我也陸續接觸到幾位創業媽媽，所以愛上了「兼職也能創業，創業可以小而美」的想法，也很快地就習慣這個新型態工作。我和其他職業婦女一樣，試著在家庭與工作中尋求平衡；但因爲生活型態的改變，工作上也需要調整。這個過程不太容易，難免質疑自己創業的決定，在同一個空間裡要學會適時角色切換；新的生活作息還要配合臺英兩地時差問題；沒有幫手時，還得背著孩子出門完成工作上的任務。適應斜槓生活後，雖然無法脫離熬夜工作，也常常感到分身乏術，但畢竟做著自己喜歡的事情，又能陪著孩子成長，覺得很幸福。現在回頭看，創業意外地平衡了我的生活，工作給了我在兩個角色中成長的空間，彈性的工作性質允許我自行安排工作時間，所以我現在更愛「彈性工作者」（Flexipreneur）這個新名詞來形容自己的工作型態。

除了線上網路行銷，另外結合線下講座說明，哪裡有需求，行動辦公室就在哪。

深入了解合作夥伴，爲品質把關

在經營上我覺得爲品質把關是第一要務，這也是爲什麼我親自踩點，花時間研究與對話，以對各領域合作夥伴與可用資源有深入的了解。以語言課程爲例，英國的語言學校不知凡幾，光是English UK認證名單中就超過四百間，課程資訊龐雜，我要做的第一件事就是篩選出有潛力的優質學校。我親自走訪，了解每間學校的特色和強項，因爲看書面資料不會告訴你單一國籍的遊學團占據校園，看不到學生的住宿環境，更不知道老師的教學品質，更沒辦法得知經營者是否跟我有一樣——承諾學生優質的整體遊學經驗。

有一回參觀一個夏令營，我從中午用餐一直到晚上，全程參與學生的語言工作坊和課後活動，晚上繼續留下來觀賞學生的才藝表演。我當場就愛上了這個夏令營，從各式活動中十足激發了學生的學習力和創造力，工作人員對孩子的照顧就像家人一般，整個營隊歡樂的氣氛和正面能量難以言述。我當天彷彿回到了學生時代，玩得非常開心，恨不得能留下，在此度過我的暑假。臨走前，學校主任跟我說：「我們用心經營了二十多年，帶給無數學生一生中最難忘的暑假，但妳是第一個踏入我

隨性看看窗外風景，是給予在家「彈性工作者」的可貴犒賞！

們營隊，眞正想深入了解我們到底做了什麼、怎麼做的工作夥伴（代辦），我們也很驕傲地把這些呈現給妳。」當然，從那天開始，我們就展開多年密切合作的關係。隨著共事我進一步知道，這位學校主任運用夏令營的資源，用心地幫助幾位自閉兒與戰火下的孤兒，甚至轉化了他們的人生，令我佩服不已！我眞的非常幸運，也很珍惜，多年來能和有這種高度的教育工作者共事。這也讓我更堅信，每個遊學行程對每個學生來說，會是某件好事的開頭，或是一個過程，也可能是一個轉折，我們希望能帶來正面的成長能量。

日後在參訪其他學校時，「妳是少數來實地了解我們的工作夥伴」，這話又聽了好幾次。爲了保證品質，日後的定期回訪也很重要；而這是適用於所有的合作夥伴，不管是語言學校、觀光業者、獨立導覽員、專業講師、餐飲服務業者、住宿等等。此外，學生給我們的回饋反映與意見，在品質管理上也是珍貴的資源。

在地優勢：課室外的學習教練

旺寶英國遊學位於倫敦這件事，曾經是業務上的一大困擾，但就經營專案來說，從一開始地緣反而是優勢，也因此帶給學生更多附加價值。

我們鼓勵遊學的學生走出教室去觀光，去體驗，任何地點都是一個可以學習的活教材，但是要看什麼，怎麼學，也是需要一些訣竅。我開始扮演「教練」的角色；

親自走訪和體驗，爲學生精選精彩的暑期課程。

試想一位教練怎麼從旁協助運動員發揮潛力，激發他們最好的一面，讓運動員在比賽場上書寫自己的人生篇章。我們和學生討論，走出教室後要看什麼，做什麼，踏出計畫的第一步；有哪些興趣、需求、目標需要滿足，由學生獨立做出學習相關的決定。然後教練從旁加以引導、激勵、啓發，給予支持，但保持距離以維持學習自主性，畢竟這條學習的路學生要自己去闖，這個世界要自己跨出步伐去探索，這樣才能創造值得回憶的精彩故事。

要當「教練」並非易事，工作內容瑣碎而且龐雜，每個專案各有特色，但有一件事是有共通性的：對學生來說，抵達英國後，眞正的挑戰才開始。跳出舒適圈，適應新的環境與生活型態，許多學生開始感到惶恐，更

和有相同工作價值，教育理念與文化心靈的同事一起推動夢想，何其幸運。Anne 和 William 是我事業上兩位很重要的工作夥伴。攝於史林登學院

當學生溫暖的後盾

陪伴學生入學，一同參加校園導覽。

始業式茶會，陪伴學生和其他家庭交流。

出了城也好玩！三個行程不同的學生聚在一起，第一次參觀葡萄園，了解葡萄酒釀造，還一同在風景如畫的 Surrey 健行，體驗英國的自然風情。

主題學習—透過圖書與影視作品，從派丁頓小熊的眼光走訪倫敦。

甭說那些第一次到歐洲，或是第一次單獨出國的學生心中的感受。試想運動員走入運動場，預備競賽時忐忑不安的心情，這時候教練不就是在旁陪伴支持，給予一股安定的力量。我們在當地給予的支持與陪伴不是能夠量化的商品，卻是我們最有溫度的工作，也是學生日後回想起來覺得最深入內心的價值。

改變已悄悄發生

回想創業初衷，其實簡單：運用在地優勢，分享我對英國文化的認識，爲臺灣人帶來不同的遊學生態，提供有別於以往的遊學選擇。遊學生活經過一些精心的安排與互動，的確能創造難忘回憶，帶來感動，透過與英國的連結，引導臺灣學生闊步走向世界。

眞心期望透過「體驗遊學」這種形式，爲學習帶入更多人文教育與文化元素，讓文化不再是書本上的名詞，而是變成生活中的動詞，藉此鼓勵學習新生態。重新定義遊學界線並非易事，需要時間與教育，十年下來改變已悄悄發生。旺寶英國遊學不是如參天神木般的大事業，反倒像是一株小草，默默地在陽光下閃耀著。用心與努力轉化成的能量，日後在學生身上慢慢發酵，看到更多與世界連結的美好。

讓臺灣學生看到更多與世界連結的美好！

注[1]：Chevening Scholarship 是一項由英國外交部（Foreign and Commonwealth Office）與夥伴機構共同合作的全球性獎學金計畫，讓來自世界各地的菁英們到英國深造，認識英國的文化與價值，並在未來職業生涯中能持續與英國保持往來。

注[2]：以下文中以「學生」代表「顧客」，「學生」無年齡限制。

曉玲老師的Q&A

Q——**宜眞隨著自己的生命歷程，如今成爲創業媽媽（Mumpreneur）與彈性自由工作（Flexipreneur）實屬不易，對於欲發展類似創業途徑的朋友們有哪些建議？**

A——其實這種工作型態最彈性與最困難的部分都發生在時間安排上，斜槓生活的兩邊常會產生衝突，工作與生活上皆要尋求能信任、穩定的支援系統從旁協助，以求兩邊生活平衡。

Q——**跨國遊學這項以語言與文化學習開展的創意生活產業，宜眞如何看待這項產業目前的發展階段（初始期、成長期、成熟期、衰退期）？與其他文創產業的關連與漣漪效應？**

A——這項產業在成長期的階段，消費者想法漸漸改變，愈來愈能擁抱跨界消費型態，而相關業者也慢慢調整步伐因應市場需求。

旺寶的經營一直與廣義文創產業關係密切，涵蓋食、衣、住、行、育、樂各面向，我們是一座橋梁，建築在客人的喜好和需求以及適合他們的文創消費之間，客人與文創提供的內容有心靈上的共鳴與交流之後，文化心靈已經連結，消費意願也提高，若有機會，將持續參與活動或是消費支持相關文創活動，這過程中產生的漣漪效應是長期的。

Q——**旺寶的客製化與深度化的遊學服務多樣豐富，在組織面上是否有哪些參與企劃或執行上的關鍵成員與夥伴，以因應客製化的需求？**

A——旺寶有幾位具有共同信念的臺籍與英籍工作夥伴，我們會依專案的需求、夥伴們的專長，邀請夥伴加入和參與執行的工作。

Q——**客製化、精緻化的英國遊學服務是旺寶的訴求，然客製化服務與客製化訂價間的訣竅與問題有哪些？**

A——我們的經營焦點是在客製化，也就會完全依照客人要求的項目來訂價。與其他產業一樣，要和客人說明不同的預算，選擇範疇也會有所不同。此外，英國的生活物價與臺灣差異很大，加上臺灣人的消費觀念與英國不同，在規劃過程也須充分溝通。

Q——**旺寶的業務範疇跨越英國與臺灣兩地，在營運管理上，**

有哪些因兩國異地間交易服務而常見的法規面問題？

A——旺寶是登記在英國的公司，我們的工作夥伴、使用的服務、專案實際執行都在英國，所以以英國法規爲主。遇上問題常不在法規本身，而是兩地對法規觀念不同，所以認知上有差異。

Q——針對旺寶的學生顧客來源管道，似乎多是經由口碑推薦，發展至今是否集中在哪類型的顧客？目前主動開發客源的管道有哪些？又是否看見哪些潛在市場？

A——目前是青少年與二十五歲以下的青年爲兩大主要客群。除了口碑推薦外，我們透過網路、實體活動、尋找在臺灣的合作夥伴來主動開發客源。

50^+輕熟齡族，甚至60^+熟齡族，是我們想鼓勵出走的客群，遊學可以成爲他們樂活經驗的一部分，旅遊與學習結合，把遊學行程當作給個人成長與心靈健康的投資。

Q——旺寶的遊學顧問服務正是服務設計與管理的體現，請問旺寶的客製化流程下，從初次接觸客戶到銷售完成履約之間，通常會經歷什麼樣的流程？又大約需要多久時間？

A——通常行前我們會經過幾個流程：初次諮詢，提案與報價，初步行程規劃，討論與修改行程，確認最後行程後付款。依照專案的複雜程度所需時間不同，但平均來說大概需要一到三週左右。

Q——文化與創意生活的體驗感受極爲主觀，受到自身的先前知識與經驗偏好影響，旺寶所在的產業中是否有任何客觀的顧客滿意度指標或評估方法？

A——因爲每個專案的狀況都不相同，目前沒有一套制式與量化的評估方式；但因爲擁有在地優勢，在專案執行時我們能即時了解顧客反應，專案結束時我們通常會直接面對顧客，詢問對各項服務的滿意度，也請他們給我們建議與回饋。

Q——當下全球流行疫情對於旅遊相關產業的衝擊，旺寶是否有任何克服因應或轉型之道？

A——我離開臺灣十多年後，因疫情意外地回到臺灣長住了一段時間。這段期間，我有機會看到臺灣不同於以往的文化活力；於是我開始思考如何將過去的經驗運用在臺灣，未來結合華語學習與文化體驗，帶外國人來進入臺灣這個無圍牆的校園學習。停擺歇息或許讓旺寶發現另一條路徑。

蔡宜真——旺寶英國遊學

成爲 成就彼此的

夢想光點！

Chapter 3　文　蘇于修

寬璞／在一起 One&Together

成爲創業者的夢想光點

一個人可以走得很快，一群人可以走得更遠
以寬闊的視野跟格局，陪伴創業家走一段路
成爲成就彼此的夢想光點

依稀記得還在茫茫網海尋找出國進修的資訊，一晃眼，二〇二一年卻已經創業八年。網站上對英國華威大學的評價甚高，對當年甫成立的 Creative and Media Enterprise 研究所，卻幾乎無從判斷優劣。但，光是 Creative、Cultural、Enterprise 跟 Strategy 這幾個充滿魅力的字眼，加上跨界學習的說明，吸引著彼岸的我，前往英國一探究竟。

課堂上，來自世界各國的同學熱烈激辯著藝術文化工作者難搞的脾氣跟個性、分析著智慧財產權的重要性、探討著經營管理的策略……，這些有趣的主題敲擊著臺灣腦，但，最讓我刻骨銘心的問題卻都不是課堂上的問號，而是餘暇跟同學、室友閒聊時的大哉問：「臺灣是一個甚麼樣的地方？」「臺灣跟大陸有甚麼不同？你怎

若心念
則花開

文創事業路徑

品牌名稱　寬璞

成立時間　二〇一三年七月二五日

營業項目　其他出版

寬璞是一家擅長以文字跟影像協助客戶溝通的整合行銷公司，從實體的代編出版到網路的原生內容編輯採訪，到平面攝影與影像拍攝，都能以高品質使命必達。客戶群包含：天下雜誌群、新北市政府、鴻海、中衛發展中心等。

寬璞

品牌名稱　在一起 One&Together

成立時間　二〇一六年五月一日

營業項目　飲品與文創

在一起 One&Together 的營業登記名稱是「寬璞果茶舖」，屬於寬璞的第二事業，致力於協助創業家推廣品牌，外表看起來是一間文青咖啡館，骨子裡卻是文創推手，不定期舉辦演講、展覽等活動，更發起「板橋文昌街生活學堂」，成為一年一度的「板橋文化嘉年華」。

在一起 ONE & TOGETHER

投資人數　獨資

團隊　寬璞採專案團隊營運，在一起共二人（加兼職一人）經營。

地址　新北市板橋區文昌街二十四巷九號

電話　〇二—二二七一〇五〇六

Warwick 學以致用的一句話

藝術文化就在巷弄裡。

在一起官網

在一起粉專

寬璞粉專

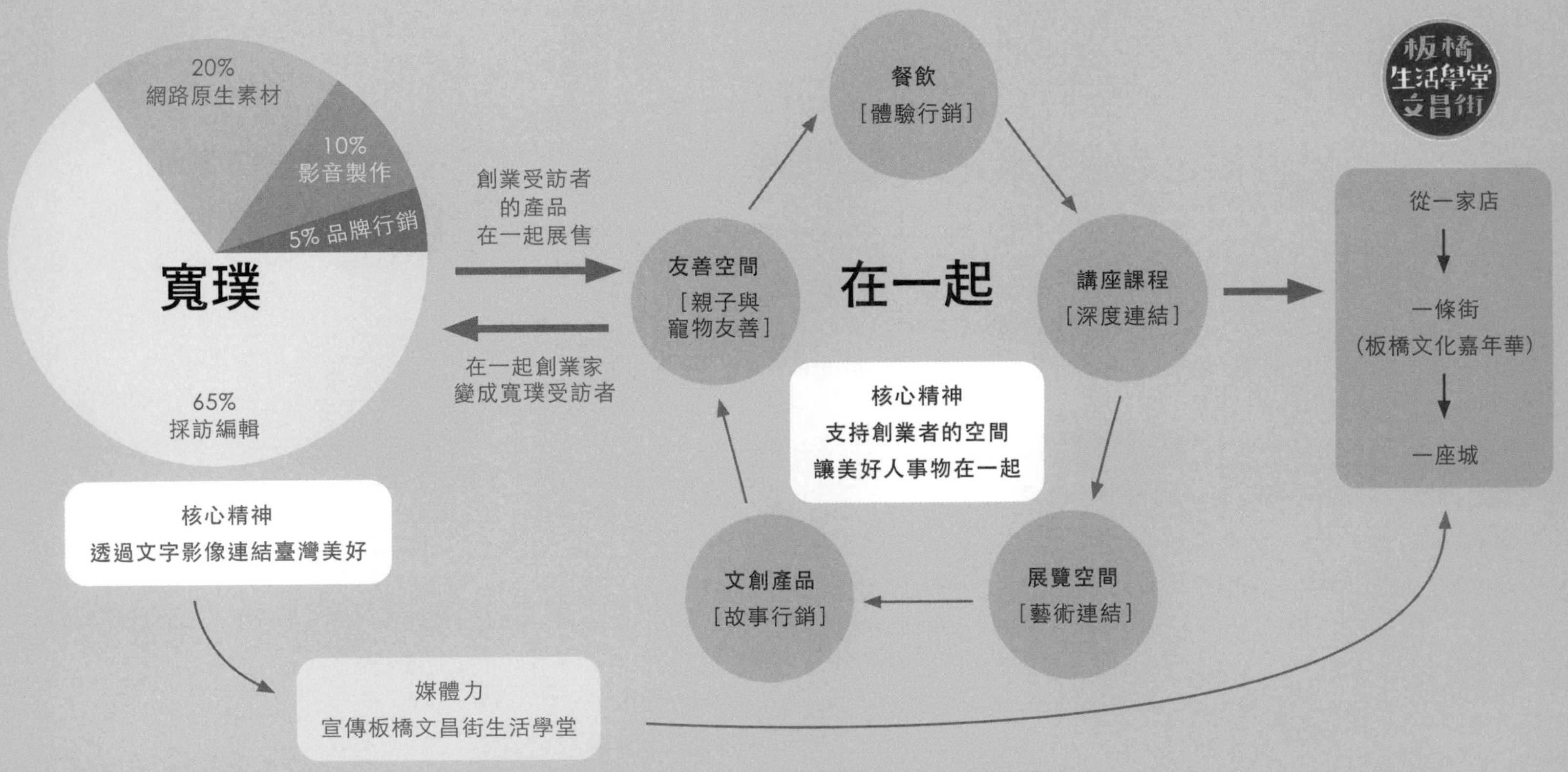

20%
網路原生素材
10%
影音製作
5% 品牌行銷
寬璞
65%
採訪編輯
創業受訪者
的產品
在一起展售
在一起創業家
變成寬璞受訪者
友善空間
[親子與
寵物友善]
餐飲
[體驗行銷]
講座課程
[深度連結]
展覽空間
[藝術連結]
文創產品
[故事行銷]
在一起
核心精神
支持創業者的空間
讓美好人事物在一起
板橋
生活學堂
文昌街
從一家店
一條街
(板橋文化嘉年華)
一座城
核心精神
透過文字影像連結臺灣美好
媒體力
宣傳板橋文昌街生活學堂

麼看待兩岸的關係？」

面對這看似容易，實則艱困的問題，我慮晃著回答：「臺灣有夜市、有原住民、有玉山、有阿里山、有日月潭、有故宮博物院，過年時還會貼春聯跟吃年夜飯。」「And then？然後呢？」然後，就沒有了。

原來，唸了這麼多年書，我對「臺灣」的理解竟是如此脆弱與輕薄，經不起更深刻的叩問。看著韓國同學、希臘同學侃侃而談各國的文化特色、說著要讓自己國家的文化輸出到全世界的大夢，帶著微笑傾聽的我，內心的震撼和慚愧久久不能散去，這是我留學生涯最有價值的一堂課外課：我想好好認識我的國家。

△臺灣不是只有日月潭景色優美而已，我想好好認識我的國家！

二〇〇一年回臺後，我進入以誠信爲核心的《天下雜誌》集團工作，面試時，殷允芃發行人問：「你十年後想做甚麼？」甫從英國回來，遭遇文化震撼教育後的我，不假思索地回答：「我想讓更多人認識臺灣的美好。」開始在這個以誠信爲核心價值的媒體工作，擔任雜誌與出版行銷企劃的工作。

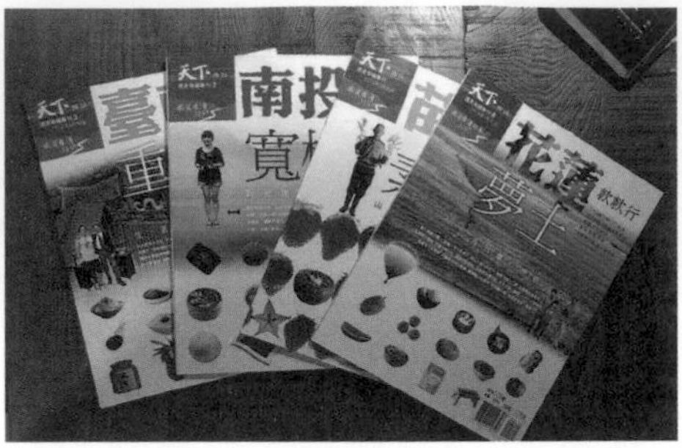

我在進入《天下雜誌》集團擔任行銷主管的工作滿六年之後，改以專案的方式協助老東家執行各種案子。因爲過去曾經在報社當過記者跟在公關公司當AE，除了行銷專業，也嫻熟出版與採訪寫作，其中，影響我日後創業開店的專案之一就是協助《天下雜誌》策劃與編採《微笑臺灣三一九鄉——款款行》系列專刊。

這是一系列以城市爲單位的出版品，在有限的人力下，擔任採訪副總編輯的我，連續兩年，幾乎每個月有二到三週的時間都在不同的城市田調與採訪。長期旅途奔波與承受截稿壓力，身體疲憊如繃緊的弦，但心靈卻因受訪者而盈滿雀躍。採訪的過程，就像是重新理解與閱讀臺灣的故事，在大城小鎮裡努力求溫飽的人們、在田裡認眞耕耘的農夫、思考如何創新才有未來的年輕人、堅持延續保留傳統文化的職人們……，每一張臉孔都代表著臺灣土地上的一道光，一份力量。儘管政治局勢渾沌不明，但，我內心彭湃不已，覺得臺灣充滿希望。

南投小山村的龍眼乾是三日三夜柴燒所得，臺灣有許多認眞踏實的人，都代表著土地上的一份希望。

攝影／小山村

那段時間，每年我都會接觸四百到五百位受訪者，看著堆成小山高的名片，我們私下無奈地開玩笑稱這是「一頁情」，採訪一頁之後不知道何年何月才有機會再次採訪或相見的情感。於是，我心底又許下了一個心願：「如果有一天，我可以有一個空間，邀請他們來分享故事、來介紹自己的產品讓更多人認識，應該是一件很美好的事情吧！」

創業需不需要理由？

——誠品開發票事件，媽！我創業了

這個時代，一元新臺幣就可以創業，問題是，前面你累積了多少能量？

曾經當過編輯、記者、公關、行銷、廣告文案的我，經歷過高壓高速高業績的磨練、汲取職場多元的養分後，逐漸成爲一個整合型的工作者，也深刻體悟「人生中所經歷的每個工作或任務，冥冥中都在累積你未來的能力與能量」的眞諦。

職場多年歷練，除了讓我對行銷市場多一分敏銳、對人情冷暖也多了一分同理與了然，再加上接受過天下人高標準的品質堅持與以誠信爲核心精神的薰習，承接各種案子時，對自我要求甚高，因此逐漸累積出口碑，透過口耳相傳，業主持續敲門。

連續兩年的《微笑臺灣款款行》專案合作期滿，二〇一三年我決定創立「寬璞有

透過採訪，重新認識臺灣。
攝影／劉家瑋

限公司」，開始以公司的規格來承接各種專案，從品牌梳理、策展文案、編輯採訪、影片製作到整合行銷，都是寬璞服務的內容。

「期望以『寬闊，寬厚，寬廣的視野與格局；如璞玉，樸實，如磋如琢的品質堅持。』探索土地上的文化，踏進泥土裡感受生命，串聯起創意與文化與生活的多元可能。形式不拘，創意無限。」我在品牌定位簡報檔，寫下期許，那一年我三十九歲，跟誠品吳清友先生創業的年紀一樣，幾歲創業好？年齡從來不是問題。

很多人好奇問：「你爲什麼創業？」在尚未創業前，我以自由工作者（Freelancer）的身分也承接了很多編輯、採訪的案子，日子也過得瀟灑自在。但是隨著經驗的累積跟口碑，客戶開始提出更大規格的合作案，曾經有兩個客戶很想把案子委託給我，金額都是超過百萬，無奈當時我尚未創業，專案費用得分別請客戶轉匯款給記者、攝影、設計、編輯、插畫、印刷廠等不同夥伴。然而，大公司的財務部普遍都不想處理繁瑣的各種個人型的匯款，於是，我也因此跟兩個百萬擦身而過。說來好笑，當時我告訴自己，如果有第三個一百萬的案子來敲門，我就創業。

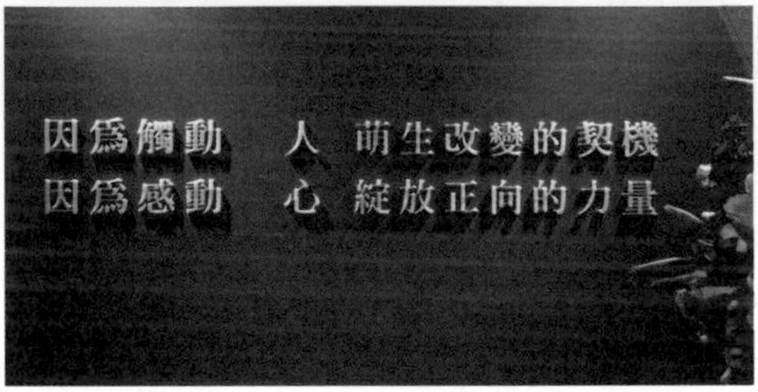

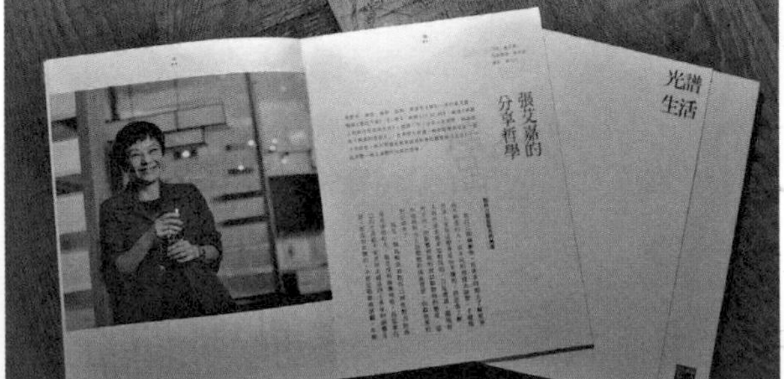

能接到誠品《光譜生活》的專案，邀請到張艾嘉談分享哲學，是多年累積的成果。

果貞，二〇一三年誠品生活來敲門了！當時誠品想嘗試企劃一本封閉型的會員刊物，針對年消費百萬的高端會員溝通質感生活跟高端的產品，全權委託我企劃跟統籌所有的編採出版執行，相談甚歡之餘，冷不防窗口問道：「你公司可以開發票吧？」面對這個問題，我露出微笑，鎮定地回答：「可以」。一轉頭，火速詢問周邊親朋好友成立公司的流程、要找哪個記帳士、公司地址設立、稅務如何處理等問題，一個月內搞定，在正式簽約前，我創業了！

這個時代，一元新臺幣就可以創業，問題是，前面你累積了多少能量？

于修的真情分享

尋找創業的 Sign

可以創業了嗎？何時可以創業？

創業不用請大師掐指算命，要看的是自己是否累積創業的實力。「誠品開發票」事件，看似命運的偶然，實則是市場考驗的積累，若不是有近七年的個人接案經驗跟成果，在代編與整合行銷累積出相當的作品跟口碑，也不會有誠品的合作機會。對我來說，「百萬合作案」就是一個 Sign（訊號），表示你的實力跟品質已經達到某種被肯定的程度。

想創業的人不妨好好尋找屬於你的 Sign 是甚麼？是不斷有人想品嚐你的私房料理？是持續有人關注你的作品，甚至詢問商品化的可能？還是想邀請你共同創業的人絡繹不絕？打開你的天線，接收與分析屬於你的 Sign！

跟創業家一起創業

——在一起，創造一些甚麼吧！

日子在採訪間轉瞬即過，二〇一六年五月——我離開《天下雜誌》滿十年之際，我回到故鄉板橋，創立了「在一起 One&Together」空間，冥冥中像是回應十年前剛從英國回來、殷允芃發行人面試我的問題：「你十年後想做甚麼？」

「在一起 One&Together」創立的初心是從那句「一頁情」的玩笑話開始，逐漸築夢踏實，讓採訪路上的「情」更綿長，讓創業者在北臺灣多一個支持夢想的地方，讓更多人看見他們的作品、產品，也看見臺灣的美好，甚至創造「在一起創造些甚麼」的機會。

因爲有「寬璞有限公司」從事出版採訪相關的工作，擴大不同產業的接觸面；有「在一起 One&Together」實體空間接地氣，兩

幾歲創業好？**年齡從來不是問題。**

家公司更有機會整合兩邊的資源、創造極大化的價值。

例如，策畫《屏水山逢》專書而認識了遠在屏東的薰之園，得知創業家是爲了長輩而返鄉，還把荒地變花園，寬璞的採訪專案結束後，我過了快半年再度拜訪，才表明自己也創立了一個支持創業者的實體空間。因爲有前面的採訪基礎跟信任，再談到自己創業的理念，就更容易搭起合作的橋梁。也因此，有機會把薰之園的友善農法花草茶跟精油產品引介到「在一起 One&Together」，成爲餐廳的飲品跟商品，也是薰之園北臺灣唯一的販售據點，消費者也因此得知屏東有一個可以休閒遊憩的薰之園，創造三贏。

類似的案例很多，例如「寬璞」協助中衛發展中心的《MIT 臺灣金選》專書編採製作，我們被這些認眞努力的老闆所感動，除了採訪，更主動提出想把好產品上架推廣的想法，「在一起 One&Together」官網更成立「MIT 臺灣金選專區」，讓大家可以買到洽維的無染星星擦手巾、恆樂的小創襪、耕木生活的彩拼杯墊跟擴音箱等得獎產品。對客人來說，有國家品質保證的產品用來更放心，對寬璞跟在一起來說更是互爲因果的美事一樁。

或許不是每個人都有兩家公司，我相信只要努力想想自己身邊有哪些資源，每個人都能創造一加一大於二的綜效。不是想著要占便宜，而是思考如何「共好」。

攝影／鄭鼎

《屏水山逢》書衣版封面用插畫來表現山水豐富的意象，兼有人文質感。

出版／天下雜誌行銷業務部

建立共好的夥伴關係

雙方在沒有壓力只有努力的同一條船上，才有機會互相爲對方著想，然後就會愈來愈好。

創業前，Warwick 畢業的學妹、在臺南成功大學創意產業設計研究所任教的仲曉玲副教授在閒聊時提到，她看過很多社會企業型的創業家之所以失敗，是因爲用一種「我在幫你」的態度來談合作，一旦有此不對等的心態，合作就會失衡，一方會產生高高在上的助人者的倨傲，合作的夥伴一定也會感受到對方透露出的驕傲；更極端的狀態是，另一方如果表明不想被幫助，創業家還可能會義憤塡膺對方不知好歹，最後終將宣告創業失敗。

曉玲的分享非常有道理，我放在心上，也奉爲合作時的自我提醒。所以，每當

寬璞的實地採訪，匯聚成爲在一起支持的創業家品牌好物。

有人謬讚：「你們好棒，幫助這麼多人。」我的心頭一凜，一定立即加以澄清：「我們沒有幫助誰，如果沒有這些創業家帶來的精彩產品跟作品，在一起 One&Together 就只是一個沒有靈魂的空間。」

每一次的澄清，都讓我更加確認，共好的合作夥伴關係，才能長久，才能平衡，才能不產生誰欠誰/誰幫誰的負擔，雙方在沒有壓力只有努力的同一條船上，才有機會互相爲對方著想，然後就會愈來愈好。

有一條界線是創造一加一大於二的過程中，我必定嚴守的。

如果是客戶委託寬璞承攬的專案，就算受訪者的產品再優秀、再有潛力，我都只會表明記者的身分，不會提到實體

店面。要等到整個專案結束，報導出爐，彼此已經沒有採訪關係後，我才會聯繫討論合作的可能性。

爲什麼要這麼麻煩？不一次搞定？因爲，記者的身分在某種程度上會讓對方產生「幫自己宣傳」的感受，如果在當下就變身老闆，談起合作，一來是界線不清，二來會讓對方有壓力，擔心「如果不答應合作，報導會不會怎麼樣呢？」所以，這是一條必須謹守的界線，更是創業的有所爲與有所不爲。

這是尊重寬璞的工作，也是讓受訪的創業家無後顧之憂。除非是委託的客戶主動提起雙重身分，不然「一個場合，只出現一種身分」是對當下工作的尊重，也是一種專業的表現。

于修的真情分享

斜槓族的界線

在斜槓當道的時代，大家都有愈來愈多把刷子，創業也未必需要全職。但，你的界線是甚麼？你又謹守了哪些原則呢？

切記，千萬不要在上班的時候發展你的斜槓事業，利用公司資源或時間「順便」幫自己行銷正職以外的業外收入，這不旦犯了職場的大忌，嚴重的話還可能因為使用公司的設備或時間而吃上官司。你是否斜槓得很專業，就在界線的拿捏上。

選品也要面試？

——新創的品牌，歡迎在一起

很多人很好奇「在一起One&Together」的選品從何而來？一開始是詢問昔日的受訪者是否希望在板橋有一個展售據點，有意願的就開始談合作的可能，當然也有拒絕的，因爲抱持著隨緣的態度，不勉強創業者合作，所以，無論合作與否，雙方都能保持著友好關係，仍是採訪者與被採訪者，有的則進一步成爲產品經銷的生意夥伴。

某種概念來說，「在一起One&Together」是一間選品店，只是我們的選品比較特別，大多是新崛起的品牌、創業中的品牌，最重要的是：創業家具有品牌概念，不是玩票性質，或是出清存貨，更不是拿現成的配件拼湊的商品。以上三種狀況我們都遇過，也有人把在一起當成格子趣，問租一格櫃子多少錢？讓人哭笑不得，也一一回絕。

我們怎麼選？就像公司要錄取新人一樣，我們也會花三個小時甚至半天的時間跟想加入在一起行列的創業家長談。了解對方的品牌理念、產品特色、爲什麼想創業？目標客群是誰？輕鬆卻深入了解對方「是不是玩眞的」。因爲來在一起的有許多都是新創業的品牌，創業家常常被我們問倒，但是卻開心極了，爲什麼？因爲我們的問題其實是在協助對方釐清品牌定位與價值，甚至是討論通路行銷。

攝影／謝宜哲

攝影／Matteo 沈偉豪

攝影／JUWGO 漿果生活創意家 林育全

例如，曾經有創業三個月的年輕小夫妻很靦腆的拿著一包蘆葦吸管來找我們，害羞的說：是隔壁咖啡廳建議他們來找在一起的。我們也禮貌性的先探詢對方要做甚麼？小夫妻拿出貌似竹子的蘆葦吸管，熱切地說明製程跟環保愛地球的想法。「請問這跟竹吸管的差異？」「請問你們的定價？」「通路怎麼拆帳？」「價格有包含運費嗎？」「如果要鐳雕，最少量必須採購多少吸管？」面對我們連珠炮式的提問，兩人面面相覷，表示有很多問題是他們一開始沒有想到的。

後來創業家把上述問題都認眞想過一輪，品牌也正式定名爲「植吸管」，在一起店內飲品也採用他們的吸管，用具體行動支持。更開心的是，新北市政府客家事務局恰巧聽到我們的介紹，決定在義民節活動採購蘆葦吸管當成伴手禮，在一起也再次扮演顧問般的角色，提醒包裝、品質、鐳雕等驗收要注意的諸多小細節，順利成就這次的合作。

透過「問問題」，扮演顧問般的角色，幫助合作的品牌成長，達成雙贏。

攝影／斜槓生活文化有限公司

給自己出考題

在一起會問創業家的問題

您準備好創業了嗎？假想您今天推開板橋在一起的藍色大門，看見像咖啡廳的文青空間，然後，四周還有很多創業家的商品在櫃子上，您很喜歡這個氛圍，很想讓產品也在這裡銷售，然後，您試著回答以下這些問題：

(1) 請問您以前是從事甚麼工作？有哪些學習？
(2) 您創業的內容／產品跟以前的工作有關嗎？
(3) 為什麼想離職，想創業？
(4) 貴公司有幾人？大家怎麼分工？這個產品都是您一個人研發跟製作的嗎？
(5) 工作室／工廠／產區在哪裡？
(6) 您的產品或服務跟其他人有甚麼不同？
(7) 您的目標銷售對象是誰？他們大概的樣子跟輪廓？
(8) 您的產品有測試過嗎？經過那些檢驗？有證明書或報告嗎？
(9) 產品如果壞了可以維修嗎？保固期多久？可以退貨嗎？有包裝嗎？
(10) 您的產品怎麼用？可以示範給我們看嗎？（食材怎麼烹調？）
(11) 若客人就在您眼前，您會如何介紹自己的品牌跟產品？只有一分鐘。
(12) 您的產品怎麼定價？實體通路跟網路通路一樣嗎？是否需要全通路的價格都一致？如果有節慶活動，我們雙方如何拆帳？
(13) 您希望如何結算帳款？
(14) 有最低的進貨數量或金額嗎？金額達到多少後可以免運？
(15) 請問您的產品在哪些通路也有販售？

試試看，您能回答多少問題？

「問問題，是爲了說故事」，品牌需要透過故事行銷才能帶來感動與促購。就是因爲問很多，很會問問題，所以在一起 One&Together 比其他選品店更能侃侃而談每一個產品背後的品牌故事與創業家經歷的甘苦。我跟店長常笑說，我們是「說書人」，因爲許多品牌都是我實際採訪過，更能傳達創業家的品牌精神，只要客人有興趣、肯聽，我們很願意不厭其煩地跟大家分享每一個品牌的精神，也許當下客人沒有在此買單，但是，一定會因爲我們生動的故事而多認識這個新創品牌，某一天，也許他剛好有需求時就會想到這個品牌，然後就多了一筆支持創業夢的訂單。

陪伴創業家的實驗場域

有沒有創業家聊完後就棄甲投降的？或是上架三個月就陣亡的？

我們遇過目標不太明確、興趣廣泛的創業家，透過問答題的梳理，曾經有創業家沉澱後更清楚自己未來的路，表示請我們再等她半年，讓她創作更好的文創品。半年後，美麗的釉下彩獨角獸盤如藝術品般在店內展售，我們也誠實告知創業家，以我們的判斷，目前的產品還未臻成熟，這類作品比較類似蒐藏品，以板橋府中地區的屬性跟在一起的客人特質來說，可能需要發展更實用性質的產品，但是，我們願意提供半年的實驗期，讓她在店內試賣，我們則回饋客人的第一手市場反應，作爲她日後的修正。

◁拍攝美麗的情境照，推廣飛鼠咬木頭手工筆。

文創型的產品尤其需要一個可以回饋消費者眞實反應的場域，一般的大型通路不太願意把珍貴的檯面留給新創品牌，因爲可能會有賣不動的風險，商品又占空間，還有保管責任。但是，在一起 One&Together 剛好相反，我們常常把客人的創意回饋給創業家，讓產品修正得更好。

例如有客人表示希望有一支毛筆跟鋼筆，可是又不想買兩支手工筆，於是，我們跟南投「飛鼠咬木頭」的創業家洪明華分享了客人的想法。三個月後，飛鼠寄了兩支筆到板橋，打開漂亮的手工筆一看，竟然是可以替換筆頭的兩用筆，展現書寫剛柔並濟的面貌。客人很開心，飛鼠也因此研發了新產品，在手工筆世界另闢藍海。

在一起 One&Together 也是創業家的線下實體展示區，近年來有愈來愈多創業家透過募資平臺來築夢，但是民眾還是希望可以親眼看見實體。於是，在一起也從善如流，成爲創業募資產品的展示區，讓創業家不用特別再去租賃空間或展場，我們也樂見更多人走進在一起，創造順便支持更多創業好產品的機會。

「陪伴」創業家是我創業很重要的核心精神跟態度，不跟創業家爭利，而是共謀其利。當然也有創業一陣子就消失的品牌，但，至少曾經努力過，嘗試過不是嗎？

推波助瀾最後一哩路：體驗行銷
——看得到也吃得到用得到

既然是支持創業者的空間，如何讓消費者願意手刀支持，自然是大事。文創產品可以看，可以把玩研究，農創產品怎麼辦？我們想了很久，最後決定用「體驗行銷」的方式來達成。

二〇一六年創業初期，在一起只有簡單的、無添加的天然飲品，然後搭配一些陽春的土司。後來，不斷修正品牌定位，重新盤點菜單，決定要把創業家的農產品入菜單，創造一加一大於二的驚喜。

以最受部落客推薦跟客人喜歡的「柴燒奶茶」來說，我們選用臺南關山張錫斌的「手工柴燒黑糖」，跟南投的有機紅茶兩樣品質相當優異的主原料，再加上小農鮮奶，以琺瑯鍋溫煮三分鐘，濃郁的香氣每每引得客人讚嘆「是超級好喝的奶茶」！我們也樂於分享食譜配方，目的就是希望透過體驗，創造感動，進而選購創業家的產品。

△受到大小朋友喜歡的「菇菇雞烏龍麵」。

諸如此類的體驗行銷，還有「飛天老虱讚岐烏龍麵」——把「台灣原味」的飛魚跳跳醬跟「台江漁人」的虱目魚柳結合拌炒；富含花青素、深受女生喜歡的「桑椹玫瑰飲」則是豪氣把南投「玫開四度」玫瑰花醬入飲品，玫塊農夫太太郭恩綺看到我們驚人的用量直呼：「第一次看到店家用這麼多的玫瑰花醬入飲料的」。

用成本這麼高的食材入菜單是一般餐廳不會做的傻事，「但是，在一起One&Together不是餐廳啊！」我和店長常常相互提醒創業初衷，入菜單體驗是策略，眞實的心意還是回歸到支持創業家的產品，只因爲民以食爲天，談遠大的理想太遙遠，享受美食才是王道，吃了，體驗了，自然而然就會愛上。

食用級玫瑰花朵小，香氣有層次，是吳寶春的冠軍麵包食材。

巷弄間的藝廊

——藝術家的圓夢空間

在英國唸書時，課堂上老師跟我們分享英國有「咖啡廳就是藝廊，巷弄就是博物館」的文化風氣。當時，心嚮往之。因此，一開始在裝潢在一起的空間時，我就特別叮嚀設計師要在所有牆面四周都預留畫軌，讓藝術家、策展人可以自由運用。我常開玩笑的說：「上廁所時總會站起來逛逛，就有機會接觸創業家的產品跟看展覽作品啊！」

職人周孟勳藝師的傳統彩繪。

相較於其他空間以日計費，在一起創業以來仍維持「策展零場租」的方式，只要來跟我們申請，在不違反善良風俗的前提下，我們都樂於提供場地，還會協助在在

展覽溫立德得獎作品。

一起的粉絲專頁跟 LINE 群組分享策展的活動訊息，除非是包場舉辦茶會才須另收場地費跟餐點費。

目前，最小的策展人是「初八」弟弟，因爲在這裡學了兩年的壓克力畫，我們跟媽媽密謀爲這個充滿才氣的孩子舉辦生平首展。當孩子五歲生日時走進在一起，看見自己畫的彰化扇形車站、宇宙、火車被慎重的高掛牆上，旁邊還有這麼多客人欣賞自己的創作，孩子臉上流露出的自信跟快樂何其動人。我想，一顆藝術的種子已然埋藏在孩子的內心深處。

東華大學插畫聯展、板橋高中攝影社、臺灣藝術大學書畫系四人聯展、周康老師傳統彩繪展、黃拓維老師剪黏工藝展、刺繡展、水彩畫展、古地圖展、曼陀羅展……，主題多元、充滿創意，迄今在一起已舉辦超過四十場的展覽。

印象很深的是來自花蓮的貪吃熊手繪創作的插畫家溫立德，有正職設計工作的他，餘暇愛畫畫，三張結合東方節氣跟西方星座的作品得到日本「JIA 插畫獎」入賞。我們邀他來板橋策展，沒想到他某日靦腆而開心地說：花蓮「O'rip 生活旅人」空間得知他在板橋的展覽，希望也能邀請他展出，「從板橋紅回故鄉」這樣的溫馨故事時常在一起上演，我們也與有榮焉，人才就應該被更多人看見！

在一起最小的策展人，當時「初八」只有五歲。

創造有記憶度的魅力點
——幸福小心機

在一起並不是一個豪華的空間，但是我們很用心的規畫了有記憶度的「魅力點」，包括不定期舉辦講座課程、規劃一區親子空間，放滿有一整桶用大電鍋裝滿的樂高積木跟各種益智玩具；我們還不停更新不同年齡層的好書，更過分的是讓消費者可以「借書回家二個月」；寵物要進來也很歡迎，貓狗兔子守宮都來玩耍過；最有話題的是很快被索取一空的在一起「告白卡」……，這些

新北市長侯友宜二〇一八年選前選擇在「在一起」接受媒體專訪。

狗狗來店、任意挑本書看、「在一起」可以做些什麼呢？只要用點小心思，就能爲客人創造幸福的記憶度。

幸福的小心機是在一起服務的一環，目的還是創作黏著度，支持創業者，但是，我們用更親切而浪漫的方式呈現。拍婚紗、告白、求婚、電影拍片……都可以。

在一起的英文名稱是One&Together，爲什麼要有「One」？

因爲，每一個造訪在一起的客人、創業家、寵物，都是那個讓在一起變得不一樣的重要One，每個人都可以是那個創造改變的人，我這樣想。

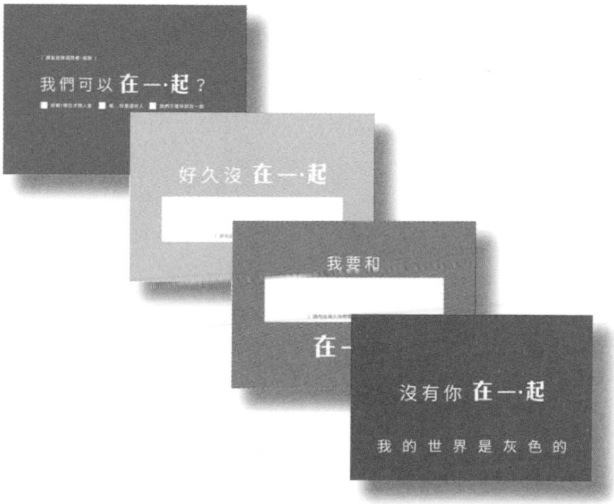
我們可以 在一·起？
好久沒 在一·起
我要和
在一
沒有你 在一·起
我的世界是灰色的

創業需要持續變形再進化

——平面到影片，一家店到一條街、一座城市

甚麼是地方創生？不就是讓地方的孩子有根留故鄉的念想嗎？

創業需要與時俱進，但是，怎麼進？往哪裡更上一層樓？這個問題必須再次回歸品牌的定位跟價值跟信念。

以「寬璞有限公司」來說，我希望團隊所選擇的都是對社會有正面意義跟價值的主題，畢竟人一天只有二十四小時，如果爲了賺錢而亂接專案，只是消耗能量的賺錢工具。所幸，寬璞遇到的都是很棒的好客戶，二〇一三年是以平面的書籍採訪工

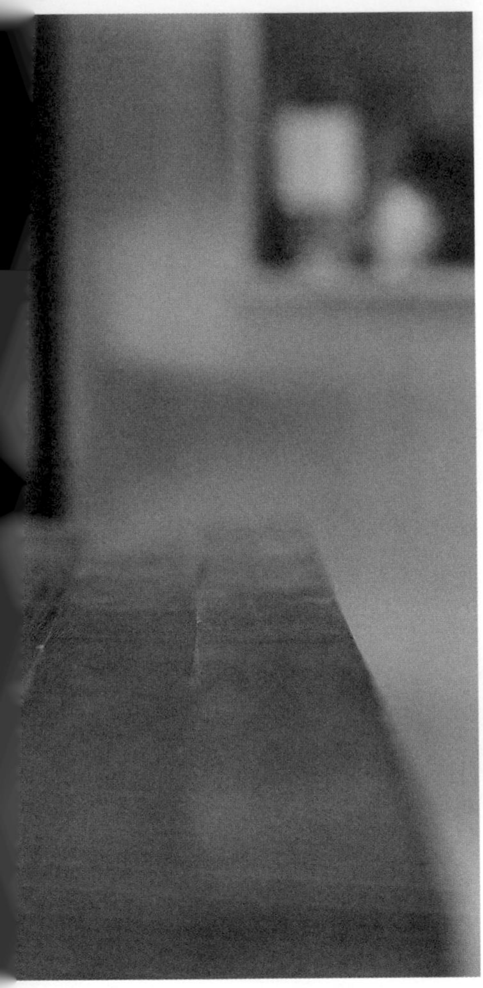

在一起也是寬璞的攝影棚。

攝影／鄭鼎

不急，我們有多少能力就做多少事。

作居多，二〇一六年開始因應數位需求崛起，我們開始協助客戶編採深度的網路原生內容，包括鴻海、LINE TV、UDN 橘世代都是我們的客戶；二〇一八年更因爲影片是吸引眼球的關鍵，寬璞也開始整合團隊，協助「MIT 臺灣金選」推動辦公室拍攝得獎廠商的品牌故事，爲推動臺灣製而盡一份心力，不再局限於平面的出版工作。

在一起 One&Together 的變化題則更有趣，二〇一七年四月我跟隔壁的店家紳士咖啡（當時名稱爲灣島呷早頓）的小藍因爲很喜歡附近林家花園跟大觀書社的文化氛圍，因此共同發起了第一屆的「鰲讀冊板橋文昌街生活學堂」，把在一起的精神延伸到一條街。

然而，夢想總是美好，現實總是殘酷。籌備初期，我們已經邀集許多創業家到街上擺攤分享產品，連手繪地圖都設計完成，以為只要跟警察局申請，就可以順利封街。沒想到，想封文昌街竟處處碰壁，原來只有造橋鋪路、婚喪喜慶可以封街，一般人是不能申請，就算是要舉辦文化活動也不行。

就在我們坐困愁城之際，沒想到貴人出現了。當時還任職於板橋高中的林麗雲老師來店喝咖啡，我囁嚅地提到目前的困境，老師說：「板中有個大學長跟學姊，他們對推動板橋文史不遺餘力。你可以跟『枋橋文化協會』聯絡看看。」這個訊息如海上浮木，令人感動的是，就在我打電話的二個小時後，林秀美老師就火速出現在在一起，了解我們的想法後，一派輕鬆地說：「這件事就交給我們協會。」也因此，搭起我們長期跟枋橋文化協會併肩同行的緣分。

第一屆活動非常盛大成功，露天市集有近八千人參與，攤商荷包飽飽。儘管敲碗問第二屆的聲音不斷，但是我們實在是沒錢、沒人、沒力氣，因此就偷懶把活動委託給其他團體，結果人潮比第一屆少了很多。這件事讓我們暗自慚愧，對不起遠道而來的攤商跟創業家，也深刻學習到「地方的事情，必須由地方來參與」。

第三屆開始我們發展議題，以「文化綠種子」為題，加入環保無塑的錄取條件，用更大的能量行銷位於林家花園跟大觀

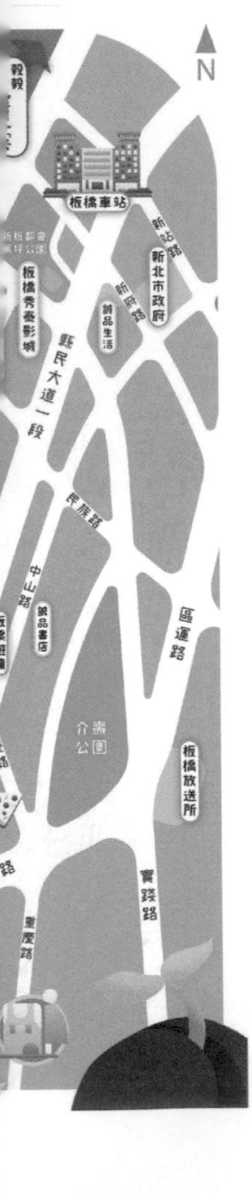

板橋文昌街生活學堂地圖
設計／石博丞

書社旁的「板橋文昌街生活學堂」，這裡正是最古老的板橋的所在區域，非常有文化底蘊。我們很慶幸有枋橋文化協會的加入，莊文毅跟林秀美兩位老師對板橋研究多年，於是，我們把經典的老照片搬到街上，眞的達成「巷弄就是博物館」的夢想，看著老阿嬤帶孫子認眞研究的畫面，忽然覺得我跟夥伴共同發起的活動好像有一點價值。

第四屆的籌備會議我提出一個問題「活動越來越成功，攤商也荷包滿滿，但是到底我們爲板橋留下甚麼？」於是，我們決定重新定位：「板橋文昌街生活學堂是一個拜師學藝的場域」，換言之，攤商也是老師，無論你是賣紅豆餅、賣乾燥花束，還是金工藝術家、剪黏工藝師，都要想辦法設計半小時內的課程讓民眾拜師學藝，我們希望除了銷售，「職人們要能爲板橋人留下學習的印記」。

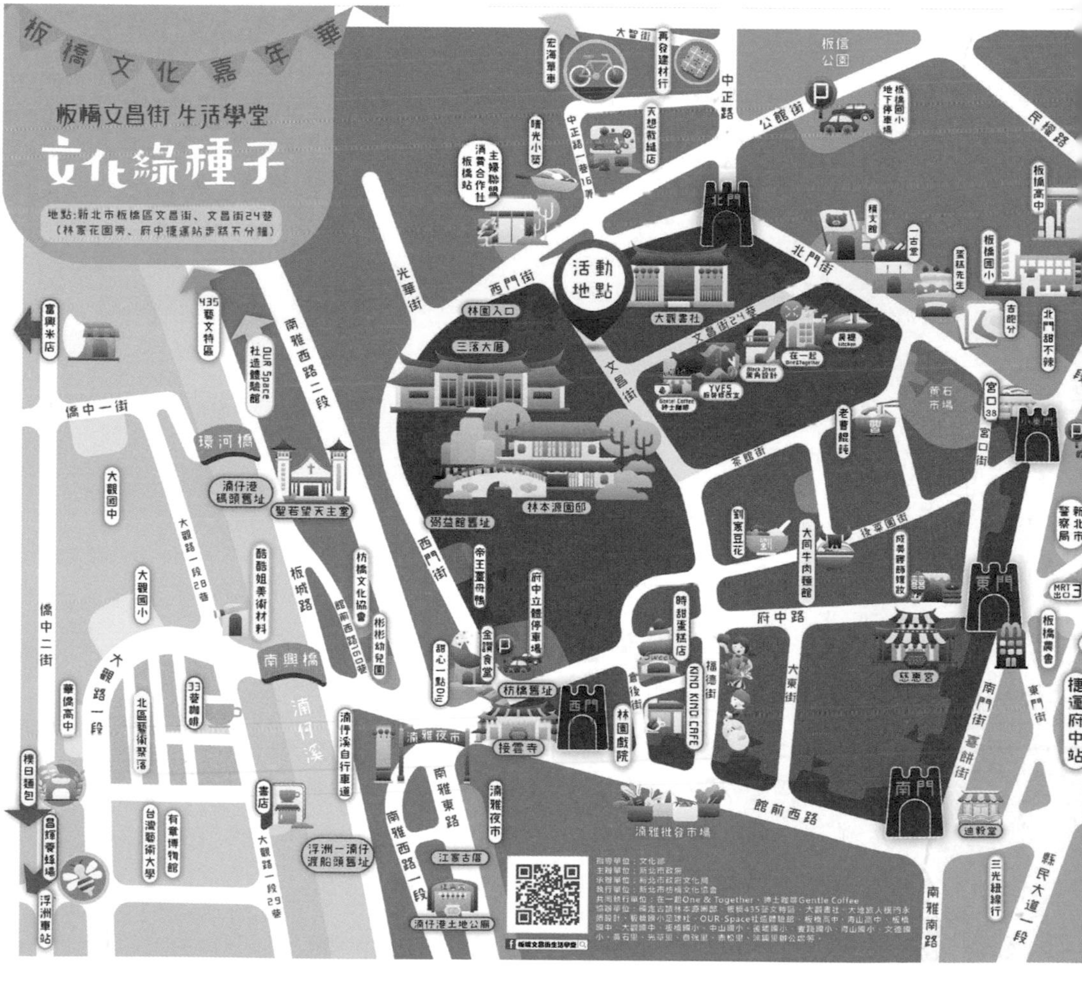

這個改變，也成爲「板橋文昌街生活學堂」跟其他市集最大的差異，五、六十位職人齊聚板橋文昌街，大人跟小孩驚艷體驗著各種文化活動，街頭舞臺是素人的精彩演出。第五屆我們自詡成爲「板橋的文化嘉年華」，二〇二〇年第六屆更以「文化串門子」爲題，開啓正式的志工培訓跟文化導覽，有高達五十位志工報名，我們甚至有了第一件的圍裙制服，新北市文化局、客家事務局、林家花園、不分黨派的議員、立委、區長、里長都開始關注這個由民間發起的文化活動。

能匯聚這麼大的文化能量是我始料未及的，儘管只有少得可憐的經費，卻有熱情無比的志工，我們一次又一次展現零預算行銷的爆發力，透過人脈圈、職人圈、友善店家圈，一層一層如漣漪般傳遞活動訊息，「我在板橋好像開始有了根」，參與

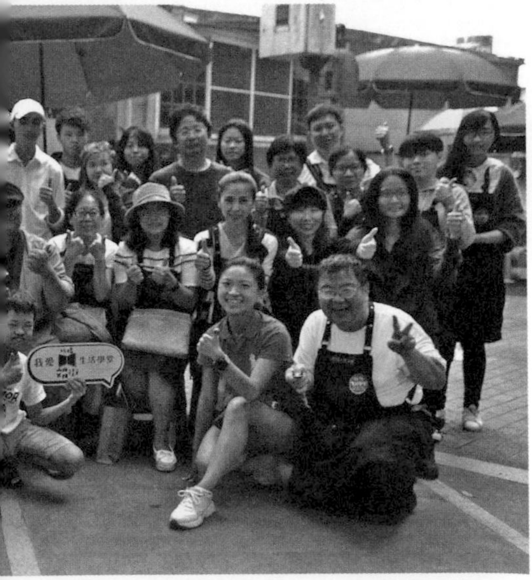

板橋文昌街生活學堂匯聚志工，共同爲地方努力。

的志工感動的說。

甚麼是地方創生？不就是讓地方的孩子有根留故鄉的念想嗎？

創業的路還在路上，寬璞創業八年，在一起邁入第五年，要面對的課題還很多，但是，我常常告訴自己：「沒關係，不急，我們有多少能力就做多少事。」

創業絕對不只有賺錢，如果行有餘力，請務必挪出十分之一的時間貢獻所學，你會發現生命的價值跟老天對你的疼愛，絕對遠遠超出你的付出。

給自己出考題

零預算行銷的方式

「板橋文昌街生活學堂」目前是申請社造經費舉辦，扣除硬體、保險、文宣印製等費用後，其實並沒有預算行銷活動。所以，我們設計讓人愛不釋手的板橋手繪地圖，吸引民眾轉發跟索取，例如，有一年新北市府的小編偶然看到，來訊息希望授權轉發，那次在短短五個小時內有一百次的轉分享，創造極大的聲量。

其次，我們也建立地方關係，透過周邊的友善店家、國小、里長辦公室、四三五藝術園區、板橋林家花園等重要的訊息渠道，發送實體海報文宣以及網路臉書的轉發文，讓地方的活動，經由地方發送。

每個人身邊都有關鍵的KOL，所以我會製作懶人包，請職人、志工、演出團體、夥伴務必分享給身邊的一百個人，甚至邀請夥伴用自己的方式錄製倒數影片，從FB、IG各管道傳遞消息。運用綿密的網絡，讓這場文化嘉年華吸引不只是板橋的人造訪。期待明年看見大家！

曉玲老師的Q&A

Q——于修從深入民間、採集地方人物故事的記者專業開始，到透過「在一起」回饋社區地方街區的空間事業，您身爲具有專業採編力的創業者，對於文創產品強調的「在地文化」與「故事力」的關係，有什麼樣的解讀？

A——臺灣近年的文創產品在包裝設計上有亮眼的成績，但是有些淪於爲設計而設計，文創產品力跟品牌價值還是最關鍵的成功要素。而品牌價值就涉及在地文化跟理念，未必每個產品都需要緊扣在地，在地文化是一種內在養分，幫助設計師發展中心思想，而故事力就是傳遞中心思想的途徑。書寫眞摯而不矯情的故事，扣緊品牌與在地文化，更能打動人心。

Q——「寬璞」的專業採編製作主題與產官界客戶多元，是否有特定合作的班底或彈性的團隊資源，有什麼最佳的因應客戶需求的專案製作管理方法？

A——這個時代很斜槓，術業有專攻，因此「寬璞」會因應主題而組成專案團隊，合作的夥伴已經累積七年以上的默契，每個專案會有專案管理的主編或負責人，信任團隊但要訂定標準，創業家（我）的角色轉爲專案統籌與解決問題者，成爲客戶與夥伴的橋梁。

Q——「在一起」的空間營運上有某些的隨緣與隨機，如多數文創產業基於個人人際社會資本爲根基的發展模式，于修如何看待目前「在一起」商業模式中的「正式」與「非正式」的契約與合作關係？

A——「在一起」看似隨緣，實則有內在的合作標準，例如上架的商品必須有品牌意識，雙方會簽署正式的合作備忘錄，載明雙方的權利義務。空間內的展覽則會從周邊「非正式」關係延伸，因爲對「在一起」來說，展覽不是藝術家專屬，因此客人、朋友、客戶、創業家……，人人都可以有一展長才的舞臺，也因此展覽主題更爲多元，也創造另類的圓夢聚會。或許正因爲保有這樣的彈性關係，讓在一起跟客人的關係更爲緊密。但是，無論哪種「合作」，都必須清楚溝通雙方的責任、簽署備忘錄，避免爭議。

Q——如「在一起」的實體選物店已是文創生活風格店的主要運營模式，目前所有選品中是否已可歸納出特定類別取向，如工藝或農創產品？目前「在一起」的空間中存在什麼樣的「有形產品」與「無形服務」的組合？

A——「在一起」的產品可分爲文創商品、農創產品以及募資中產品等「有形產品」，我們提供客製化或團購等「無形服務」，提供創業家演講、展覽等「無形服務」；甚至是從無形的服務爲起點，提升有形產品的價值，例如有客人希望我們協助安排「告白」，我們主動調整空間、燈光、植栽、音樂這些預期外的無形服務，最後臨門一腳則是把農創產品變成告白套餐。這樣的服務，後來也成爲「在一起」的商業模式之一。

Q——除針對各個品項創業家的提問外，于修又如何看待品項之間可能的品牌合作加值效益？各項選品的合約合作關係又是否有任何策略性的區別或分類？

A——我們曾經嘗試過讓不同品牌一起合辦分享會，搭起創業家交流、互通產品的可能，但後續雙方是否持續策略合作則回歸各品牌。「在一起」擅長結合不同品牌的產品，設計出新的菜單，提供客人跟創業者參考。選品類別上僅擇一合作，例如目前蜂蜜只與「蜂蜜皇后」合作，避免競品相爭與行銷資源分散。

Q——于修目前旗下兩個事業體（或部門）「寬璞」與「在一起」，在這波疫情間是否有受到什麼樣的影響？兩者間的成本與獲利結構如何拿捏平衡或互補？

A——疫情對兩個事業體的影響不大，大企業因爲預算縮減，反而會委外與有口碑的「寬璞」合作。「在一起」則因鄰近林家花園，因爲島內經濟與新近崛起的實境解謎遊戲帶動整體業績，最大的影響是：購買產品的客人變少、餐飲業績提升。

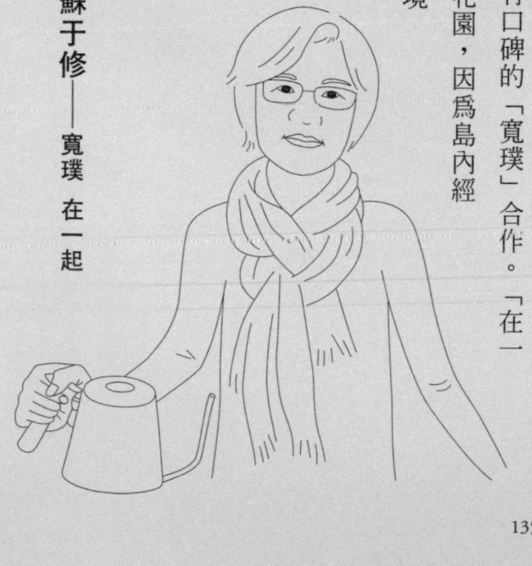

蘇于修——寬璞 在一起

出版是具有極大化的影響力
再回去做出版！？
Why not ？

場景／「舊香居」古書店

木果文創 Move-Go——小小移動，夢想啓動！

文 林慧美

在尋夢國度裡，讓我們一起耕耘，將生活推向美好；
木果採取的行動，是文字，是創意，是影響力，
在愛的果園中，持續行動與前行……

「什麼是創意產業？」記得教授的題目和名單一發下來之後，大夥兒就自動找組員、各占一個角落，「嗨，Christine（南非）、Anthony（英國）、Debby（牙買加）、Doris（波蘭）。」你一嘴我一舌，同學不是才從大學畢業就是三十歲不到，英文個個呱呱叫，討論得口沫橫飛；就像往常一樣，大家「敬老尊賢」總是耐心聽我用破破的中式英文「緩慢」地陳述……。

唸書去吧！

「夢想強而有力；夢想是渴望的儲藏室……夢想也能鼓舞我們想像與今日截然不同的事物，進而相信我們可以朝著想像的世界邁進。」——《推測設計》

千里之行 始於足下

唸書，永不嫌晚；走進校園，跨向另一階段人生難得的旅程。

文創事業路徑

品牌名稱　木果文創

成立時間　二〇一八年七月十八日

營業項目　出版（現階段）

不為出書而出書，只想為你出一本有意義的書！你的需求，我都將先傾聽；重要的是——為何想出一本書（理念）。

作者採自費投資形式，自己就是老闆。你可以期待是一本書或系列書，可以自撰、請人代筆，甚至代理國外的版權書；前提是準備好了一筆圓夢基金。

客製化服務：包括為作者釐清出版方向、評估投資利基、企劃、撰文、編輯、設計、印刷、上市、行銷等，一條龍或階段需求均可量身訂做。

投資人數　獨資

老闆+員工　二人

地址　苗栗縣竹南鎮福德路一二四之一號一樓

電話　〇三七—四七六六二一

Warwick學以致用的一句話

一支原子筆，可以用來寫字的

只須花十元就能買到；

爲何有人要買一千元的筆？

如何創造二者間的落差，

這就是創意產業。

官網

粉專

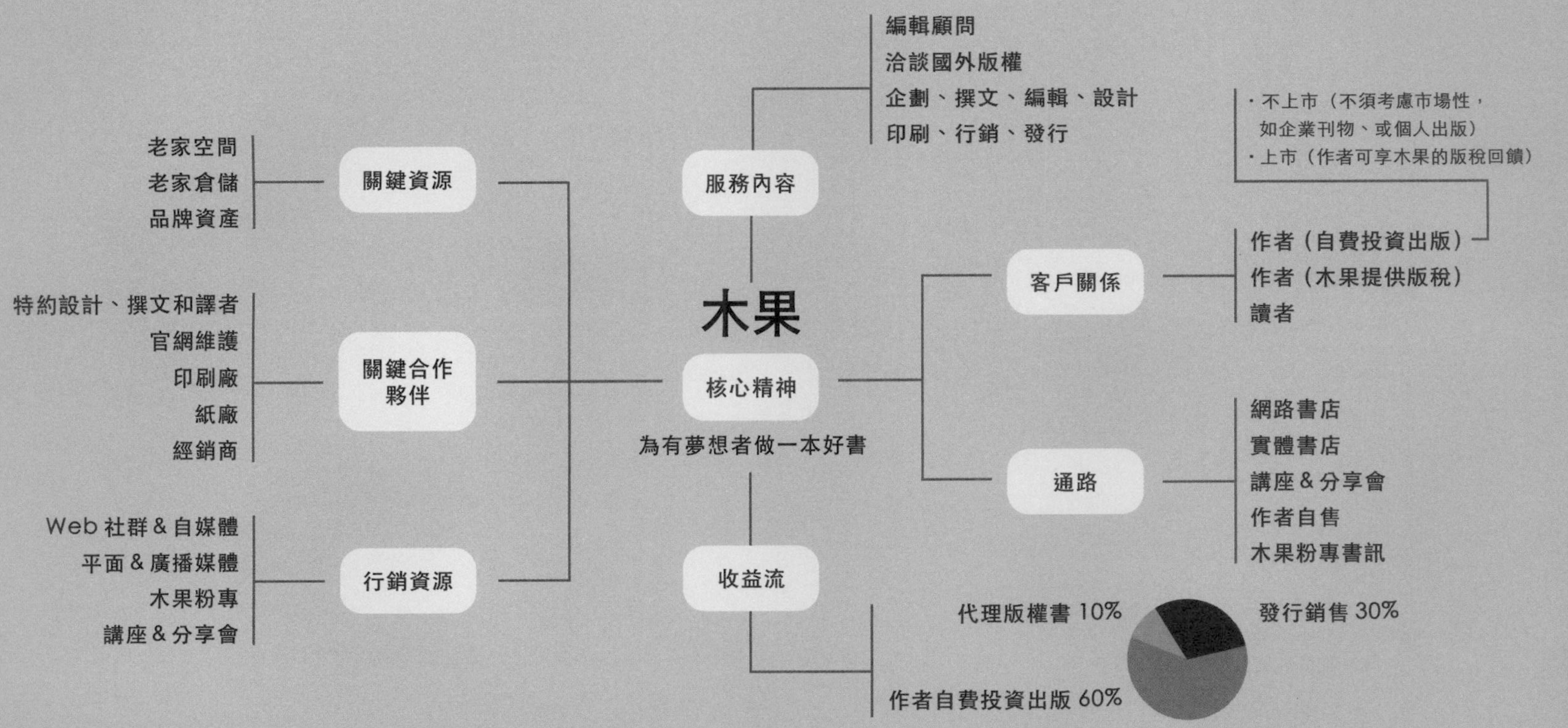
木果
核心精神
為有夢想者做一本好書
服務內容
編輯顧問
洽談國外版權
企劃、撰文、編輯、設計
印刷、行銷、發行
客戶關係
作者（自費投資出版）
作者（木果提供版稅）
讀者
・不上市（不須考慮市場性，如企業刊物、或個人出版）
・上市（作者可享木果的版稅回饋）
通路
網路書店
實體書店
講座 & 分享會
作者自售
木果粉專書訊
收益流
代理版權書 10%
發行銷售 30%
作者自費投資出版 60%
關鍵資源
老家空間
老家倉儲
品牌資產
關鍵合作夥伴
特約設計、撰文和譯者
官網維護
印刷廠
紙廠
經銷商
行銷資源
Web 社群 & 自媒體
平面 & 廣播媒體
木果粉專
講座 & 分享會

二〇〇六年的出版界，那時景氣已經走下了頹勢，編書空間愈是擠壓，日轉之常總是在加班和疲累的迴圈裡打轉，「希望」就像無垠的暗黑荒原裡偶然出現一本暢銷書般的光點，閃閃又滅滅。

「唸書去吧！」當時我一個轉念……，三年後於是如願以償坐在文創母國、歐盟文化政策研究中心的教室裡，每天跟一群嘰嘰喳喳、活潑好動的同學「和」在一起，雖然唏哩呼嚕地心裡卻也有個定念——不必在乎要學多少，哪怕只學到一個觀念，一輩子就夠用了；更何況，我把穩定的工作辭了、花大筆錢，這是否值得？應該也不是唸個幾本書可以量化，或是用物質觀點就可以衡量其價值的，無形的收穫往往在於異國時境下的身心淬練，經驗淘洗成人生難得的篇章……。

那一年，我四十三歲，單身！

二〇一八年七月，50+，我回到家鄉創業，好朋友對我說：「妳眞的有股傻勁。」如果把人生比喻成纏繞的一團線，「傻勁」或許是線團自轉的軸心，線頭彼端牢牢釘上的，叫做——夢想。

給自己出考題

我有創業者的六大特質嗎？

①勇敢的冒險者：成功往往來自大膽的冒險。
②是個終生學習者：這是各個領域成功者極重要的關鍵特質。
③是個能果斷下決定的人，也把「不斷實驗的過程」當作很好的預測成功法。
④是個尋找挑戰的人：喜歡冒險、刺激和能引起激情能量的事；對不確定性擁有忍受度而且樂於改變；自信、樂觀，相信自己能掌握命運，擁有創造力及創新力；能獨立判斷，喜歡立定志向；天生具有打破常規的個性、富有改變的生氣。
⑤自我激勵而且是自信的人：創業者常常得面對阻難，要有能力與之共處和過關斬將，即便很多人都說不可行，自我激勵和自信的層次在面臨資金的籌措是非常重要的。
⑥讓「經驗」成為是否能成功的最佳預言者：尤其當事業體擴展到多個領域時，不必得都擅長所有領域，但身邊要有懂得該領域的人圍繞著（方便諮詢或支援）。

參考自《創意策略》(*Creative Strategy*, 2010)

是的，回想起來，這二件事情隱約拉成了一個時間的結點，以「每十年做一件大事（改變）」爲人生這條長長的線，打個結，延向未來……。記得我開始萌生創業念頭那幾天，不斷想起教授Chris Bilton舉例給我的「什麼是創意產業？」那句話；但筆記已經塵封箱底了，我卻找到教授Chris和夥伴Stephen Cummings合寫的《創意策略》（*Creative Strategy*，*2010*）；或許是冥冥之中有一些註定吧～果然沒兩下就翻到一百一十七頁的「創業者的面向（特質）」，突然很有感的一股熱流直衝上腦門，我就像嗜讀者一樣努力睜大眼一個字一個字唸，教授好像在提醒我：我是否具備了成功創業者的特質……。

用一句話詮釋「創意產業」

「這支筆，只要能寫，花十塊就可以買到，爲何有人要花一千塊買另一支？這二支的價差，就是創意產業要思考的內容。」教授Chris正好落坐在我面前，左右各拿著一支筆晃啊晃的；那是二〇〇九年的午後，北國的秋分已經有些寒涼了，空氣裡卻瀰漫著一股同學們高分貝討論的轟轟喧鬧，每個人都漲紅了臉！倏然間，這句話卻好像閃電轟然觸落，直接嵌進我心底，或許是教授聲如洪鐘～也或許千里迢迢正爲著這麼一句而來，是時機來到了我面前，教我不得不正視它。一年凝精華，一句足矣！

二〇一〇年回國之後，我非常好奇，整個心就想實驗「爲何有人要花一千塊買一

「出版」是從古騰堡印刷術以來早就存在的文創產業。

支筆」？大約有一年半的時間，我曾經短暫浸淫在所謂的文創領域，直到二〇一二年，前出版老東家和我接洽回任管理職，我這才又認眞回來思考，「出版」在「文化創意產業」裡的位置。在我的簡化想法裡，我總是習慣用教授對「創意產業」的詮釋作爲基底，只要產品是跟「文化」攸關，就可以說得上文創產業；當然啦，光「文化」二個字就有廣、狹義之說，難以界定清楚，這裡就不討論。只是在厚厚一疊的英文筆記裡，我清楚記得，「出版」開宗名義就是最核心、從古騰堡印刷術以來早就存在的文創產業；查查維基百科，是這樣說的——源自創意或文化積累，透過智慧財產的形成和運用，具有創造財富及就業機會的潛力，同時能促進民眾的美學素養、提升生活環境。顯然，出版是具有極大化的影響力；再回去做出版!? Why not !?

回頭做出版

「賴醫師，您可以出一本書耶！」二〇一五年在一次朋友的餐會上，宵夜場的時候出現了一位廚師，當時我以爲主辦單位這麼有心還找來飯店大廚，只見賴醫師笑得溫暖，很開心地端上一盤盤色香味俱全的下酒菜，尤其特別的是，廚師上菜時還講起這菜怎麼來、如何料理的典故，竟然都跟無國界癲癇照顧服務有關係，原來廚師的本業是神經內科主任醫師啊……，他除了行腳七十餘

△挖掘作者，某種程度就像星探般，得打開五感，像雷達一樣搜尋、體會。賴醫師笑說自己的本業是廚師，出版嗅覺告訴我：這是一位有故事的作者。

國，還連續獲得二〇〇九年「世界癲癇大使」獎、二〇一五年澳洲提名二年才誕生一位的世界「社會成就獎」。我的職業敏感度頓時打開，聽著聽著，心情既感動又興奮，於是當下鼓勵起賴醫師出書。

但是，一本講癲癇、無國界服務和世界料理三個面向的綜合體，該怎麼歸類？當時的出版景氣更是劣於以往了，審書平臺因此陷入膠著，終究建議轉到專案品牌（自費投資出版）。「只想告訴世人，癲癇並不可怕」，賴醫師的一念啓動，有著理想與熱情，賴醫師很快地慷慨回音自費OK，吁~在那之後的二年多，忙碌的賴醫師雖然打帶跑，但在我萌生創業念頭離職之前，還是因爲來稿不完整而我無暇在任內推動上市，擱置了下來。（注——峰迴路轉，賴醫師最後轉爲和木果合作，《跟著無國界醫師走進世界廚房》在二〇一八年成爲創業作，賴醫師是我奠定品牌基石的重要貴人。）

在前公司擔任管理職那六年，「爲何有人要花一千塊買一支筆？」就像基因植入了體內，我在做每一項決策時都會本能地回歸這個思考原點。就拿傳統在制定策略時來說，競爭市場（如何切入市場）與致勝方式（競爭優勢）是基本的考量，走的是降低成本、提供與眾不同產品、尋找利基（量身打造造就忠實顧客）的路線；但企業需要創新，如何透過「創造價值」（而不是一昧地訴求低成本）來尋覓機會，是我在當時一直反覆實驗的方向，「一千塊一支筆」到底應該藏有哪些價值？

要做就做，

不做就不做，

沒有試試看這種事。

夢想強而有力；
夢想是
渴望的儲藏室……

回鄉，創業，從原點畫圓

二〇一七年年中，我的租屋處隔鄰屋友狀況頻生，但是合約尚未到期，房東也無解，大約有半年時間，「居，大不易」、「都會生活消費高，存下的才是眞正收入」這些念頭時不時就浮現，「那麼，一定得住臺北嗎？」管理工作讓我有機會以老闆的視野綜觀公司營運，但也因爲景氣驟下與高品質的堅持而兩難，帶團隊有一定的成就感，不也遠離了健康和我喜愛的編輯工作？尤其因此得割捨下與作者並肩作戰產出作品的喜悅；「回鄉，創業，健康，做自己喜歡的事，爲人圓夢」就這樣交雜三十年的鄉情敲叩著心門，就像寫滿「祈望」的天燈，飄向了未知，卻上與天聽！

是啊！人生沒有非得如何才可以，「順勢、適性而爲」或許是年過五十的「最可爲」！而這個「勢」一旦是眞心嚮往，想必能勢如破竹。記得當時在筆記裡抄下電影「絕地武士」尤達大師（Yoda）一句令我印象深刻的話，作爲給自己的勉勵：「要做就做，不做就不做，沒有試試看這種事。訓練自己，你只要害怕失去，就連試都不要去試。」

「Do, or do not. There is no try. Train yourself to let go of everything you fear to lose.」

老家在苗栗靠海的小鎮，氣候溫煦，陽光和空氣散發著清新，別有鄉間氣息；心頭一旦拿定，二〇一八年七月我搬回家鄉，工作室設在老家三樓後棟，開門遠眺就是國中校園；每一天，學校的鐘聲與鳥鳴彷彿提醒著我一個人公司應該有的節奏。

回鄉創業是包裹著「浪漫」的自我試煉，回想創業到現在，生活中偶爾會遇到〈俗女養成記〉的場景，讓我莞爾，除了一笑置之多少是得調適的；有的時候「校長兼撞鐘」久了會想偷懶一下坐在「校長」辦公室就好（呵呵）！還好心裡篤定，馬上

從三樓工作室望去，最遠的中間天際線就是國中母校校園，鐘聲提醒著每天該有的作息。

可以神回，我很清楚如果沒有極大渴望與信念的堅持，極容易打包北上重回職場。

讓「核心理念」發光，貴人就在那！

「尋找機會並加以掌握是一門藝術，而任何藝術都有一個特色，那就是唯有個人專心一致的投入，抱著專業嚴謹的態度和充滿熱忱的動力，才有可能發光發熱。」

——《下一波商業創新模式》

回頭來講講創業最實際會面臨的事，一開始我先想了重要三事，也就是所有創業

▷改造三樓舊倉庫，加以布置成即便待久了也會喜歡的樣子，讓啓動一天的工作心情是開心的。爲了保持不生厭、感官維持敏銳度，我甚至常轉換工作角落，家人因此笑說：「生意做很大喔！」

慧美的真情分享

創業，先想重要三件事

①出版——產業別是我的真心「興趣」。

②請作者自費投資——這能避開我獨資資金有限的現實，轉移風險。傳統的出版模式是由出版社擔負盈虧，提供給作者版稅，相對主編因此擁有比較多的主導權；而一旦作者是投資者，我得轉換為某種程度的類員工角色，提供「客製化」服務。

③有無足夠周轉金——問題就在有這麼多作者想自費出版嗎？如果我的營收（作者及內容產出速度）沒有法子像傳統出版一樣，用努力購買外版書來穩定書源時，很重要的思考點是空轉期如何不蝕本？答案呼之欲出：租金、人事、庫存，盡量讓這三根極可能壓垮出版社的稻草不是稻草～「蹲點回空間寬闊的老家、不請固定的員工」是唯一一條路！為自己和顧客創造雙贏就在這之間降下的成本空間，不必追產量還能好整以暇地編好書，回饋給作者比大公司還要平實的報價，比什麼都重要。

策略最前端的思考：（一）決定競爭市場：出版，在臺灣。（二）競爭優勢在哪：採作者自費投資模式。（三）有無足夠周轉金。

後來，我從商業創新模式相關書籍讀到的概念，多半這樣描述：創業之初你得先條列出有形、無形資產，加以分析優缺點。我把軟硬體、老爸老媽是否有共識、資金都盤點一遍後，卻發現無形資產對我更形重要，它們可是摧動初生之犢的勇氣來源啊，也就是教授 Chris 提到的創業者六大特質，但我知道——它們是如此難有，你不可能一次到位，但可以受挫、可以努力，相信從千錘百鍊裡獲得，它會隨著事業受到青睞、肯定及永續，使你愈形豐足。

嗯，這階段，初生之犢的勇氣，至少我是有的！設好停損點，最差狀況也能接受，放手一博吧！記得剛開始時，有親友爲我感到可惜，「怎麼穩定的主管工作不做？」也有朋友笑鬧我：「傻子才想創業，妳這傻子，開的還是出版社！」但不是有句老話嗎：「當你眞心想完成一件事情時，全宇宙都會來幫你。」那陣子我抱著前公司出版品《小數據獵人》，不斷讀起觸動內心的一段話：「每個成功的品牌所代表的不只是品牌本身，還有某樣東西：情感。偉大的品牌許諾了希望，是酷勁、渴求、愛情、浪漫、接納、奢華、年輕、世故，或優良技術的保證。」我的力量，不就是這！

「我希望爲那些作品過不了出版社的審書平臺，卻懷抱著理想的人出書。」「如果就像前輩所說，每個四十歲以上的人都欠社會一本書，那麼作者理當無所不在。」

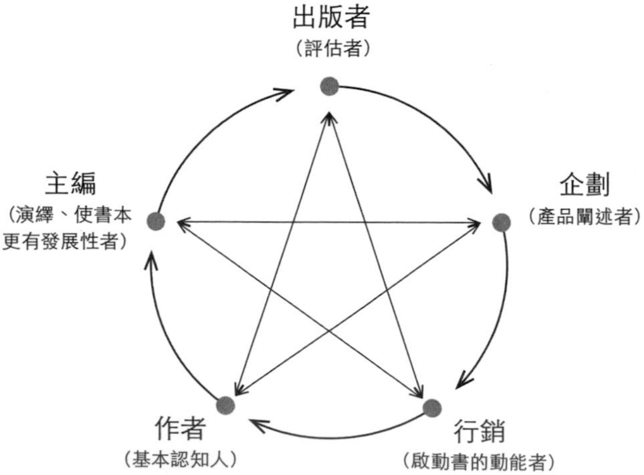

▽讀到 Chris 教授的《創意策略》（*Creative Strategy*）第一百二十頁，這個表引起我好奇，套入後發現想法吻合：在企劃端就開始幫每一本書畫了個「圓」看到通路端，以如何「讓讀者的生活變得更好」創造三贏。

「相信高手在民間，只是還沒被挖掘而已！」依稀記得，離職前我是這樣告訴老闆的。或許因爲我的理念帶了點「利他」，也或許是給樂觀者一個溫暖的支持，前東家老闆當下慷慨地表示：賴醫師既然和公司沒有簽約，他如果有意願，你們便直接合作。

我在美國知名華裔公關專家李維文的著作《找對你人生中最重要的七個人》裡讀到，每個人在成長過程中會接觸到七種角色，他們是形塑你現在人生方向的關鍵力量，我何其幸運，在創業之初就出現了二位貴人；另一位自然是賴醫師了。賴醫師以他的鼓勵給我最大的支持，他感性地表示：「既然在墾丁結了緣，那麼就讓這個

每個成功的品牌所代表的
不只是品牌本身，
還有某樣東西：情感。

後來，木果能以品牌創立不到四個月就出版第一本作品《跟著無國界醫師走進世界廚房》，有著各方貴人的幫助。

緣繼續，不過創業維艱，這本就當成妳的創業作。」那個時候，我的公司可是還沒成立呢！有句話說：「貴人不是靠等來的，靠自己創造。」但我寧願相信人生中處處有貴人，要「等」的是彼此頻率的相接，前老闆是、溫暖真摯的賴醫師更是。

創業模式：創造別人做不到的價值

很多人說，創業的時候身邊有無貴人，很重要，不過即便貴人已經翩然來到，老天爺還是要考驗你的承接能力的！

就在二〇一八年六月底離職前，賴醫師給了我第一道功課，他客氣地問：「是不是有機會趕在生日前上市呢？」什麼是好的商業模式？滿足顧客的需求、體驗與最大利益，就是當下最好的。第一本書，是顆超高速直球，接住它，才有本錢繼續打仗！從跑公司設立流程、給哪一家經銷、品牌CI設計、官網，到繁瑣的編輯、設計工作，環環相扣，全都壓在十月三日上市前到位，如火如荼、分秒必爭，我得使命必達！

賴向榮醫師二度從高雄北上，其一是在作家韓良憶小姐的廣播節目「良憶的人文食堂」中暢談無國界美食與遊歷（上）；其二是受邀參加客家電視臺「福氣來了」錄影（下）。

新書上市前，我開始設定議題抓住媒體的喜好、廣發合作信，最後盤點網路媒體、廣播、講座與客家電視臺專訪，總共十六則曝光，賴醫師的親友團也熱情力挺，我們一起寫下宣傳和銷售的好成績，Save！當「良善」的頻率發射時，所幸我沒有漏接，不到四個月新創品牌得以扎下穩定的基石。

首作 All Pass，那麼下一本呢？顧客在哪裡？說起來，在一般的傳統出版模式中，顧客是讀者，但對於我，最直接的顧客是作者，其次爲讀者；新創品牌尚未打開知名度，得先有作者，才有機會爲其「創造『別人』做不到的價值」——願意花一千元買我這支筆。這回，我開始往書裡找答案，讀了幾本類似《下一波商業創新模式》的書之後，指向二大方向——策略創新應該把傳統策略轉變爲：（一）不再用低成本取勝，得轉化成「透過創造價值」來尋覓及掌握機會。（二）替顧客、公司與商業生態系統創造價值，這裡的價值包括產品、服務、整體顧客體驗、商業模式及營收模式。

這裡的「別人」（競爭者）就是也提供自費出版服務的大集團；答案呼之欲出，「如何創造大公司無法達到的價值」就是藍海！我開始在紙上畫起「魚骨圖」Brain Storming，修修改改，五大面向環環相扣的創業模式，從此定錨：

慧美的真情分享

永遠站在顧客的立場想！

① 我真的了解顧客的個性與人格特質嗎？
② 我能為顧客完成哪些根本需求？
③ 顧客想達成什麼結果？如何愈具體愈好？
④ 什麼是顧客說不出口的話？
⑤ 顧客最不想接受的結果為何？
⑥ 顧客會在哪些情況下說「不」？
⑦ 如果顧客說「不」，是否有替代方案？
⑧ 是否可以猜到顧客選擇和我合作（購買）的原因？
⑨ 我可以提供哪些加值服務？
⑩ 希望顧客口碑宣傳，還得努力些什麼？

做好品質的把關

從事出版工作近二十年，Content is currency（內容是金）幾乎是鐵律，而我在尋覓作者（內容產出者）時，如何能兼顧質與量的平衡？似乎有個聲音提醒我：就交給老天爺吧——妳把自己的狀態準備到「最好」，才有機會吸引良禽擇木而棲～

而什麼是「最好」？在創業初始階段，用成熟的「經驗值」結合服務一條龍親自執行徹底，作者能因此感受溫暖、信賴和品質極致，就是最好。有些作者可能已有隱約感覺到，我在企劃編輯、說故事到關鍵的「設計包裝」（爲一本書提煉吸引讀者的切點），似乎已經進入一種形而上的思考，我沒當它們是工作，而是創作，在做一本藝術品，所以常常沈浸在「再換個切點吧」、「修掉哪些虛字」、「多個『的』」就可以有迥然不同文脈和美感的情境裡；「字級再小一點」、「移過來些」這種近乎偏執的視覺調整，對我來說是種享樂，看在別人眼裡，曾有朋友就開玩笑形容——簡直是一種「自虐」的過程。

再拿賴醫師的書爲例，在一般的編法，常容易把市場考量擺第一而弱化「癲癇」至小角落，但我卻有種想爲「賴醫師出書的核心理念」而堅持的執念，所以大膽保留原創，用金句的提煉、文案包裝及設計，把癲癇的十七種面向包裹進世界美食的分享，果然奏效，媒體青睞！跳出傳統思維，我看見原本極可能淹沒於眾書之中的機會，品牌小，何懼來著!?

賴醫師行文一開始就以「癲癇」開啓敘事張力，恰爲本書可藉以說故事的亮點。

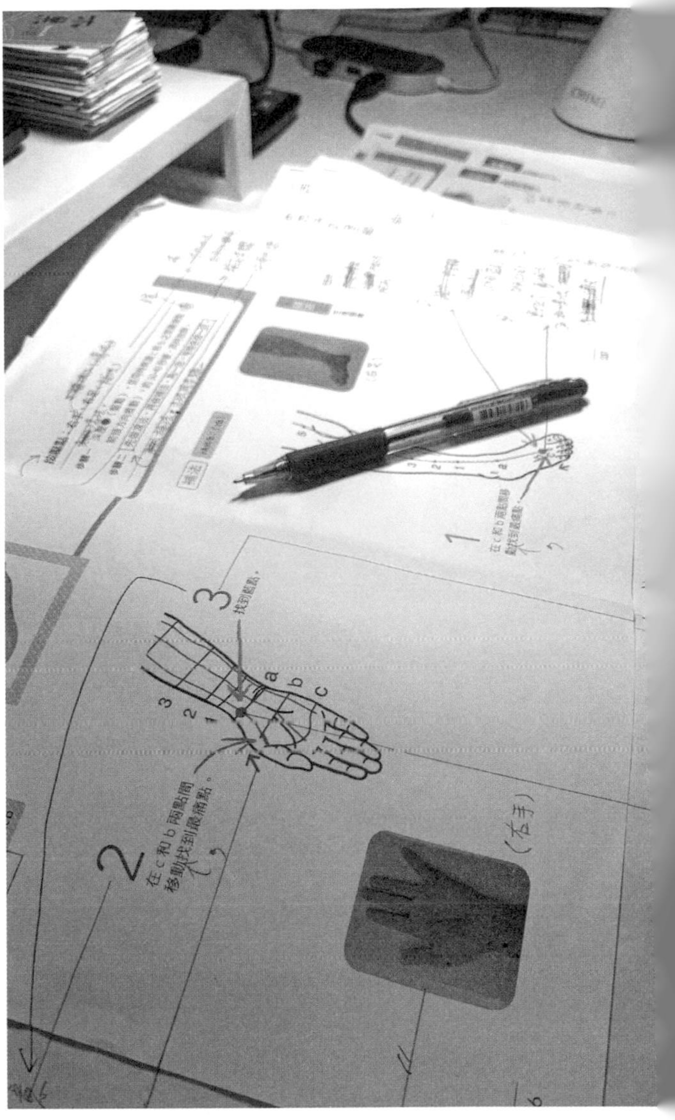

△擁有同理心、接球力、適應力、抗壓力之必要。顧客在哪？就在顧客有需求處！關鍵在於是否能即時接住，跨前一步。就像接住陳醫師的球，逆轉出書一樣。

二〇一九年四月上市的《來自天上的醫學》也是我以經驗值和具體市場評估，得到作者陳炫名醫師認同，轉而自費投資成功的例子。當我得知陳醫師有個心願，想透過出書提倡遠絡醫學時，基於朋友舊識，公司草創初期也不好直接邀約投資出版，自然就轉介給大集團主編。雖然，機會開了一扇門，陳醫師或許是忙得只能偶爾探探窗，無暇走進它，幾個月後我關心問了二次，理由都是太忙啦……，而出版方這邊也正如我的預料，大集團有它層層運作的節奏和受限，作者之眾，除非議題新穎、市場樂觀，否則往往在冗長的審書、評估過程中流逝時間。

「我需要有人PUSH！」再有一次機會見面時，陳醫師這麼對我說。

「好喔！接住陳醫師的頻率，我，當仁不讓！」從過去的經驗，我深刻了解到每一位作者在出了書後，人生都因此跟著改變，我有信心讓這本書做到效益極大化，只要銷售逾三千本，版稅可以比傳統模式（由出版社提供）來得豐厚。明確的切題、媒體大量行銷曝光就這麼乘著「善念」的羽翼，實現「讓遠絡醫學造福更多病苦人」的心願，目前刷量來到五千本。

對我來說，每位作者都可比一座寶礦，璞玉經得起久磨，就有機會盡顯光芒，但我可是把每一顆都視爲鑽石呢，雕琢之上可見它的無比閃耀。這個下斧之力一把切向Content的最核心——內容！內容！內容！爲了探掘內容（精華），有的時候得坐下來「長談」，一聊就是好幾小時、一個下午，琢磨時的角度不一，經過創意包裝，最後呈現的風貌和能量可以差異極大。也有的時候，信心滿滿以爲企劃底定，卻可能隨著作者心境和時空而變異，呈現出迥然不同的內容，比如爲笛簫大師國家文藝獎音樂類得主陳中申老師企劃的微型傳記，任誰也不可能料到定案前會因爆發COVID-19肺炎疫情而轉彎，「詩與樂」跨界結合的想法，於是在做一本「可以療癒人心」之書的思考下萌芽；而如果不是疫情延宕了所有的出版節奏，或許我也不會在這階段以購買簡體版因應，因此而邁大步跨界，在作家楊典的《琴殉》精裝套書上市後，以「書＋古琴＋茶」跨三域形式舉辦了數場系列「雅集讀書會」。

【離桌武士】
人生的武士，為自己戰鬥，為家人戰鬥，為理
有那麼簡單，不要以為只要認真努力就可以

擬第二季推出的《離桌武士》（下）、《換一個健康人的腦袋》（暫定），以及陳中申老師企劃案（上）轉向，都是以文字具有療癒力量爲思考，希望疫情下被迫失業或身心受到巨大震盪的人，能因此獲得身心靈的撫慰。

自製書從企劃端便已針對作者需求設定；擬上市的，更在企劃時就必須納入行銷宣傳的思考。

《文創 20+，我們依然在路上》也就是本書；六位作者各擁有行銷力，將結合媒體、講座與粉專，使影響力極大化。

《遠絡治療除痛 DIY》是繼《來自天上的醫學》暢銷，綜合考量讀者的回饋，另以一一七個「局部疼痛點」為內容的 DIY 版，果然二書彼此帶動銷售力道，相輔相乘。

《30歲，年薪七百萬不是夢》作者原就設定作為企業演講的橋梁，這是一張有份量的名片，為逐夢之路鋪展出值得期待的前景。

《聞香識味》律師作者癡心難棄對於寫作的熱情，向望真理的他，把想說的話隱於美食、人文風土和旅遊見聞的筆下，透過北半球友人接洽在臺以筆名出版，是木果接受作者自費投資的跨國首作。

《走過，幸福》是一本不上市的家族故事書，將父母養育之恩和手足成長故事，化為動人的文字，分享親友。

《心素食&新蔬食》（暫定）集新加坡、臺灣、澳洲三域素食風格，前年已遠赴新加坡採訪，後來因疫情而轉為家族傳承之作，取消上市規劃。

做好貼心的服務

在AI即將取代不少技術性服務的未來，我認爲，能給人溫暖的服務，讓顧客因此「感動」而有共鳴，就是服務的至高境界。好幾次接掌星巴克 CEO 大任的前執行長霍華・舒茲（Howard Schultz）曾在受訪時提到：「領導階層注重財務數字而非公司的核心價值——人和人的互動，是不對的。」他最常對員工說的話是：「每一位顧客來到店裡消費時，店員給的感受是最重要的；不要忘記了，顧客可以在別家咖啡店買到更便宜的咖啡。」

這樣想來，是否提供別人做不到的「量身訂做」，就算是「貼心」!?「digital medicine tshut-pán-si」創辦人何先生是一位年輕創業的設計人，擁有美國求學、就業和大中華業務的視野，他在有一點小成就時，築了一個「想爲這片土地做點事」的夢——運用自己所擅長的帶給喜愛設計的臺灣年輕人希望，鼓勵多閱讀國外經典書籍，勇敢走向未來。他因此向我提出一年出版一本外版書的計畫，但以自有品牌上市、木果發行。這……這在一般出版社可是Mission Impossible的事啊！但我想，只要「目標和理念」一致，天下無難事！果然歷經了國家圖書館、經銷商、書店端的來回不計繁瑣溝通、爭取與改約，最後終是以「下不爲例」得到唯一機會——二〇一九年

△《推測設計》出資人何樵暐先生與中廣「蘭萱節目」主持人暢談設計的想像與可能性。

爲爭取誠品選書，我和何創辦人一同前往「說書」。何創辦人將熟讀全書的心得製成PPT，深入淺出的精彩簡介吸引企劃窗口頻頻探問與肯定，成功推上選書之列；「社會夢想之書」終是以超過預期數倍的能量被看見。

九月成功上市了《推測設計》。

套一句舒茲的話：「我們不是服務人們的咖啡業，我們是在人的行業提供咖啡。」但我想改爲：「我不是服務顧客的出版業，我是在顧客的夢想需求裡提供出版。」能服務有理想的人，是很開心的事！——即便有時候作者有不同的考量，我得一次次重新提供風險評估；透明化、讓顧客清楚投資的效益，彼此才能建立信任，我知道這極關鍵。有時候，即便已經預期某本書因爲屬性較不受媒體青睞，但我還是不願就此放棄上網搜尋了一整天、寄出三十到四十封合作邀約；明知不必爲而爲之，誰說機會不會藏在熱情所致之處呢？競爭新書如此之眾，如果沒有脫韁式的奇想，如何脫穎而出？大出版社愈不可能爲的操作，「希望」就在這裡！自從《30歲，年薪七百萬不是夢》成功吸引商業類大品牌雜誌的興趣之後，我更是如此堅信著（雖然最終還是因爲屬性不同而未能合作）。

照顧到顧客的整體體驗

出版的眉眉角角，我想，跟各行各業一樣，都有著不爲外人道的細節與甘苦；一般來說，傳統出版社的主編者得扮演主導的角色多於給作者空間，原因就在於能確保不至於失速地送達市場；但我發現，當「擁有」這件事情對於出資人就像母親與孩子有臍帶強力連結般的情感時，我開始嘗試分離出機會給作者，從中觀察「體驗經濟」所切中的「有感」體驗，對於我和作者，又是些什麼？

「聚焦2.0」電視製作團隊從木果粉專得知《來自天上的醫學》書訊；記得是在一個校稿校得迷矇眼花的午後，接到邀請陳醫師上節目的電話，精神爲之一振。

有趣的是，我的容限可以從光譜的「零」瞬間位移到九十五%——只要作者要求的不至於影響品質和品牌形象；就像回力球一樣，作者的使力和參與愈深，愈是對於書的存在與價值投注深刻的感情。原來，我用五個書名提案，能創造作者也回饋三個帶給自己無比的快樂；而五十個書名提案，卻也讓作者陷入長思，選擇性障礙意外地讓他珍惜最後得來不易的結果！在人與人愈來愈疏離的時代，這是多麼難得的機會，因爲「共創」而「共感」，從作者「××是我想的、××是我建議的喔……」侃侃而談的神情裡我發現，我的收穫並不比作者還少，我們在彼此的生命中，都給出了快樂，享受感動！

「新書分享會」也是令人備感溫馨的另一種「共感」形式。就曾有作者問我：「一定得辦分享會嗎？」答案或許是不一定，但我卻好幾次看到讀者很開心地參加，有感於成爲讀友一份子而更投入和樂於分享；作者有機會再一次詮釋，得到溫暖支持，直球面對搭起的有形橋梁往往是作者持續書寫的力量來源，當下眞情的交流也帶給彼此歡暢時刻和美好的回憶，這當然是只用鍵盤敲個幾字留言互動無法取代的。而這也是我會以分享爲前提，鼓勵作者辦分享會的理由之一；因

讓顧客參與創造作品的體驗，
是服務經濟中的一環。

為「共享」而有「共感」！

最後，把書的行銷期拉長逾半年，相信是在考量整體顧客體驗上，我所能做的極致亮點。一直以來，傳統出版社都相當看重作者「是否具有演說的能力」，理由在於新書往往只有一個月宣傳期（因後有追兵），所謂「線上、線下」整合，在出版社停止宣傳後作者如能持續線下演說，自然為銷售力加乘添翼。

△▽通常，自費投資出版作者的分享會氣氛都特別溫馨，作者的「願想」是親友再遠、再忙也要到場支持的催動力量，漣漪般蕩漾著一波波暖意自然流瀉；相信「有夢相隨」，最美！

我在做每年只出版六本書的規劃時，前提也是希望能「爲書好好做行銷」；而爲了讓行銷沒有受限期，除了粉專持續以「育木成果．經典回顧」不定時「線上」曝光，對於有演說能量的作者，也盡力搭配其「線下」演講支援，多管齊下，爲書的長尾效益一起努力。不管是讀者給予正向回饋，或作者因此感受被重視而有一份「娘家」的歸屬情感，我樂觀地相信，只要支持者認同品牌，自然而然就有機會成爲口碑傳達人。

保留商業模式&營收模式的彈性

可以這麼說，「自費投資出版」從來不是一個特殊的商業模式，在營收必須有獲利的模式之上，我常喜歡換位思考：那麼對於作者和讀者呢，他們的利基又在哪？

《推測設計》推手何創辦人即使新書上市一年仍有演講邀約（上）；《琴殉》線下活動，由我與「如一絲社」朱育賢社長共同主持，以橋梁人串引說書、與琴人對話，幾場「雅集讀書會」辦下來，來賓覺得形式輕鬆、深入淺出，對古琴文化更加感興趣；《30歲，年薪七百萬不是夢》作者趙洋寬（下）出書前便有演講規劃，巡迴企業數十場，業務銷售力全然表現於書的行銷能量。

我認爲，唯有締造「三贏」的良善循環，永續產業才有希望；以這個角度，我得到一個具體的心得和期待：

對木果來說——好的產品＋作者投資的製作費＋通路銷售＝收入；

對作者來說——根本需求被滿足、圓夢之外還能發揮影響力，

能在低迷的景氣下打平（或小虧也無所謂）、有盈餘當然更開心

（透過通路版稅回收＋自己銷售）＝收入

對讀者來說——書架上不缺一本書，但書是一條通往目標的路徑。

與其買一本只想擁有、但高高供在架上的書，

不如買一本想讀而且讀完後達成某個目標，

可以讓生活變得更好的書，就是＝收入。

二〇一九年十月上市的《訪書回憶錄》就是在考量產品稀有，具有影響力、高度知識性與閱讀趣味，期待締造三贏而採「另類」合作，歷經八、九個月製作期而誕生的。本書《文創20+，我們依然在路上》也是一改傳統的出版節奏，由我先寫出範例、入排版型視覺，再提供給共同作者們參考。試著從顧客的需求回望，我能滿足作者哪些需求？各種可能性就能在開放的心態下自由生長，讓出版這件事充滿無限的冒險與趣味；我不但是編輯＋行銷＋出版商，期許自己搭的還是走上去有點刺激，盡賞明媚風光的一座橋；希望扮演的是傳道士，帶有使命的造夢者。

◁出版人可比助產士，陪伴、催生一路相隨，什麼時候該呵護，什麼時候又該催促？鬆弛有度是必要的拿捏，衷心期待誕生的寶寶健康且人見人愛。有時助產士還提供額外服務，比如《訪書回憶錄》保留數十本毛邊書（刻意不裁切）作爲作者友情通路之需（右）。

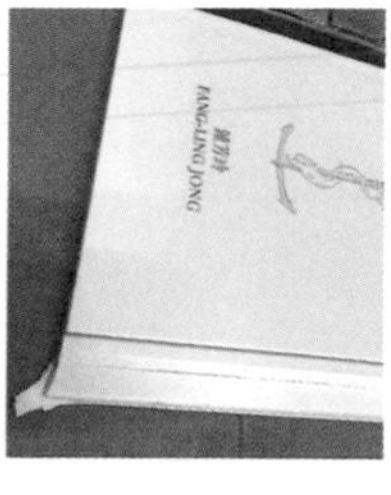

《媽媽，真的是這樣嗎？：小熊事件簿》作者是兒童文學作家、新竹偏鄉小學受歡迎的點子王蔡聖華老師。知道得獎作家很想寫一系列跳脫市場題材、給孩子看的哲學思辨書時，心裡一直有塊「不想走常規、玩點創新」的玩心角落直接就被觸動；這默契也讓我們天馬行空，做出「正反都可以當封面」的設計來呼應思考不受框架限制。主角小熊不斷在生活中探問大人，也是作者邀請大人參與討論是非對錯的書寫橋段，希望能為親子搭起一座共讀的橋梁。

《馳騁草原絲路：歐亞之心．哈薩克 吉爾吉斯》：是繼《走在絲路的十字路口：中亞之心．烏茲別克》後，作者郭麗敏執行長再次「嘔心瀝血」的第二部重量級書寫。早年，麗敏以推展臺灣文化走向世界為起點，投入跨文化藝術交流領域，長期受到文化工作啟發和滋養的她，近年來開始想帶大家從臺灣看世界。這個自我期許好比體內基因，讓她寫起書來像拚命三郎，以超高標準要求自己，務求嚴謹考證資料，不僅隨在地文化界友人深入民間，循著文載圖標更數次踏上勘證和冒險旅程，回臺後再埋首爬梳史籍，常聽她說昏頭轉向地、但也相當過癮。好不容易苦熬過漫長書寫期，後製又與美編針對版面反覆修改破紀錄地達八至九次。這般傾盡三年心力不放棄努力和堅持的精神，讓我在敬佩之餘常不忍心踩煞車而一起「撩落去」；理想之作就是這樣誕生的吧！

《琴殉》套書是木果以理想為前提代理簡體版權的作品，整合作家楊典過去散於書市的上下冊，加以精裝和在臺後製雙CD組合，是華人世界最完整且具有十年經典紀念價值的重磅出版。

如此大成本投資，是建立在自己見證了古琴音樂影響力和發揚的願力，因此請授習老師推薦：華人中有無讀來像故事一樣津津有味的書寫（不咬文嚼字與八股）？有幸蒙老師引薦同門師兄：奇才作家楊典；果然，豈止驚艷了得！在一口氣讀完其傳記《十七歲的獠牙》後我決定買下《琴殉》、傳記，並追加小說《鵝籠記》，近期陸續上市後期待讀者迴響而有進一步代理其他多元體例的可能性。代理作家作品，從此為木果開展出另一發展階段。

時時回到初心，有持續夢想的能力

回到教授 Chris 的提問：我具備成功創業者的特質了嗎？《文創 20^+，我們依然在路上》開宗明義，給了答案！第一次當老闆難免跌撞摸索，尤其得從慣性的內容產出者、低調執行者，轉變身分和立場爲經營者、主動邀約和陪伴者、勇於站上臺前甚至發揮影響力，都是需要練習的。從各書歷次狀況中徹底反省、勇於改變，更是想持續量體小而美的經營模式最必要的彈性，包括：打破思考框架或自認爲牢不可破的信念，重新評估合約、服務的底線在哪……等等。如果不確定性來自大環境，比如 COVID-19 疫情，保持高度靈活、做些什麼，總比「等待」還有機會；去年我決定投資《琴殉》時，並沒有料想到未來會連動起跨界合作，或許機會就藏在如何「創造一千元買一支筆的價值」思考裡，價值會啓動熱情，讓各種可能發生。

「男兒立志在沙場，馬革裹屍氣豪壯，金戈揮動耀日月，鐵騎奔騰撼山崗……預備，唱！……答數……」小鎮國中籃球場〈勇士進行曲〉行進間歌唱比賽的指揮，個兒嬌小瘦弱，只因爲當班長每天喊「起立、敬禮」聲音太響亮，老師點名她要「當仁不讓」；那個青澀少女是我，年年比賽冠軍成了黃金回憶。

人生路只管向前走，成長路上即便偶然想起來並不覺得有何特別，自然很少跟朋友提起；但，我是輕忽它的能量了，原來，回到你覺得自己「很可以」的那個點，具有神奇的力量！創業之後，有幾次遇到進退兩難的難關時，我走向它，告訴自

Never Stop DREAMING

己：「Yes, I can !」賴醫師新書分享會的場地臨時出狀況，另一本書的分享會作者因爲路況遲到半小時，心裡默念「Hold 住」的場景，都在那裡……

塞翁失馬，焉知非福！賴醫師新書分享會最終以一百一十三人入場突破預期，場地也比原計畫升等，圓滿落幕全賴親友的強力動員和支持（這時社群媒體是最即時的聯絡和布達工具，比如粉專、line群組）；幾乎滿座的熱情，相信讓遠從高雄北上的賴醫師不虛此行，賴醫師的精彩分享和預先安排好其親釀水果酒、小禮物等會後問答遊戲，及全體來賓爲賴醫師慶生……等等一連串的小活動串接，讓得整個分享會滿是溫馨，歡樂不已。這危機處理的考驗，著實難忘！

再回來談創業這件事，有人問我，到底有心的創業者需要哪些能力？有形的、無形的、本業技術、危機處理、受挫力等等都不可少，但我深深覺得，最難的還是——時時回到「初心」的「自醒力」，以及相信自己有著「持續夢想」的「能力」。

去年，我把庫存空間整頓再擴大，我想，在爲作者圓夢、推出一本本書之餘，對於喜歡挖掘新奇、另類、有意義主題的我來說，自然是有所期待——希望繼《琴殉》

庫存管理是從事出版不可輕忽的一環，尤其如果需要對外承租，一旦書滯銷而且版權未到期無法處理，租金將成爲拖垮財務的大窟窿。隨著出版量增加，進退書和「理書」都需要更大空間，因此創業一年後再擴大整修空間，讓書住得舒舒服服的。

之後，持續逐年穿插出版心裡的所好；同時，還有餘裕爲另一個階段的夢想錨定中心，慢慢向外畫圓～

最後，僅摘選詩人張錯的一小段作品，與有著文創夢的所有朋友一起勉勵！

我已經了解到生命中
唯一的美麗……
就是在可能與不可能的認知裡
發覺了某種不可抗拒的可能；
……
而我更明白在生命
中唯一的哀愁……
竟然是在有限度的可能裏
發現它本身全然不可能的事實，
……

——〈美麗與哀愁〉

原來，回到你覺得自己「很可以」的那個點，具有神奇的力量！

曉玲老師的Q&A

Q——就木果的新創經驗，是否可以分享出版產業轉型中的可能新創機會？除了「創業者六大特質」，出版產業創業者又會需要哪些特別的專業特質呢？

A——這可從中大型出版社的組織架構舉例，讀者拿到書時，通常不離經過三大部門所共同運作：（一）編輯部（二）行銷部（三）發行部。創業者至少須熟諳其中一個部門，其他如委給專業，至少懂得品質掌控。這裡補充基本面談專業特質，最關鍵不外乎內容催生者——主編，應具備以下七大力：

1. 企劃力、組織力、溝通力：從尋覓、約訪作者，到挖掘題材找亮點、撰寫企劃案，需有一個人執行到底的能力。
2. 文字力、閱讀力：取得作者文稿或翻譯稿後，要能分辨品質並合宜潤飾（拿捏尺度），接著，該下什麼調性的標題、如何配圖，都是決定整本書調性的關鍵包裝能力。
3. 視覺力：封面和內頁版型決定一本書風格至爲關鍵。要有能力與設計者溝通設計方向與風格，並針對畫面給予建議調整，考驗耐心和細心。
4. 行銷力：也就是說故事能力，書封視覺想傳達什麼？書封文案和網路書店該如何鋪陳，才能使讀者有慾望看下去，促成購買行爲，這是在編輯關就應融入思考的行銷能力。

另外，在小型出版社，有的編輯甚至得像八爪魚，對於紙張、印刷、成本，以致媒體行銷宣傳，樣樣得自己來。也就是多功能力、愈斜槓，就更有創業優勢；一旦產業遇到轉型，新創機會常從中而生，比如有能力轉換，爲企業或政府製作文宣物、代筆（影子作者）、當SOHO成爲出版或雜誌社的聯外接案者、爲募資者撰寫夢想平臺企劃案、當出版經紀人，以及相關產業的行銷工作等。

Q——目前木果的出版案例中，較看不出供應者與關鍵合作夥伴，請問木果的夥伴選擇與關係上，又是否不同於傳統出版呢？

A——書的內容供應者就是作者。傳統的出版是由出版社提供版稅給作者，風險評估相對嚴格（是否具有市場力）；木果採作者自費投資，較無承擔風險之虞，但會面臨「有那麼多人想自費出書嗎？」如再經篩選過：有的「考量品牌形象」必須割捨，有的是市場力較不樂觀，書源就相對有限，加上木果在行銷宣傳上投入較多時間，慢工出細活，產出速度不快影響的便是金流的管理。

至於關鍵合作夥伴，一人公司旨在不額外產生固定人事成本，寫手、校稿、視覺設計及活動支援等，都以不固定的專案委外機動合作；而相當重要的印刷商、經銷發行網則尋求過往已經建立良好默契的合作者，愈能降低風險，這也是小公司保平安之道。

Q——文字出版近年因數位平臺科技發展面臨多重挑戰，木果如何因應或預應智慧財產權上的爭議，有哪些必要的原則與提醒？

A——文字和照片出版都關係著作權、出版權等，因此我會以保障雙方權益爲前提，即使熟人也希望合作前先簽署合約，並特別說明權益部分，一般不離：撰文者擁有著作權，但領稿酬爲人代筆者，權利仍屬付費者（也有例外，如邀稿，端賴共識）；拍照者享有著作權，照片人物有肖像權，如果非常聚焦且辨識度高，保險起見請肖像人簽授權書或以Email、LINE記錄；網站圖像須取得授權，不可只出示連結；何謂公開發表……等。任何出版品公開發表前我會習慣反向推論，如果我是當事人，願意被如此公開發表嗎？如答案有可能是「不」，則務必請問律師，畢竟法條攸關廣泛，不宜自行判斷。

Q——慧美自身選擇了回鄉創業，那麼對於在地發展與地方創生是否有任何想像與可能性？

A——有的，讀者眼尖的話應會發現文末埋有伏筆。回鄉是大轉折，「願力」驅動，創業如果可以從點延伸到線、面，「願力」將乘著想像的羽翼飛得愈高；但初期創業，力求先以本業（點）站穩根基，這很重要，形同先回鄉蹲點（仍有產出、收入、與社會脈動），以自己的節奏前進，對未來保有彈性（希望）——沒有非做不可，但仍「心懸一念」；至於，那將是什麼？且賣個關子！

林慧美——木果文創

這故事肯定不是完美的
但也沒有一條路是白走的

文 劉華欣

聚思．文創 JUICY3

意念像微光，聚在一起就會變陽光

聚，是合的力量
思，是意念
每一束微光，聚在一起亦會變陽光。
讓聚思，能成爲眞．善．美的意念傳遞者！

過去經常被邀請去很多學校分享自己青年創業的過程，但回首聚思成立十年過了，自己青年也已不是青年了。在這過程中，很多都是自我摸索與梳理的歷程；這裡希望透過此媒介將這工作幾年的收穫及錯誤經驗分享出來，也藉此感恩一路以來親友的鼓勵與提攜，而您看到的所有成果都來自於團隊的功勞，公司才能走到這的確，在文化創意的領域中，我們依然在路上。

「依然在路上」分享的概念，沒有鼓勵大家模仿與複製，而是那顆爲夢想已經行動的跌跌撞撞，記錄下來。這故事肯定不是完美的，但沒有一條路是白走的，以下將不藏私地分享這段故事。

文創事業路徑

公司名稱　聚思國際事業有限公司
成立時間　二〇一〇年一月
營業項目　幫客戶客製化行銷策略規劃及專案控管：透過設計、藝文活動執行（包含展演、課程等）、或透過文化藝術加值媒合的方式，傳達品牌概念給目標族群。
投資人數　獨資
老闆＋員工　四人
地址　新北市新店區中正路三五二號十一樓之一
電話　〇二—二二一九二二〇五

JUICY3
聚思．文創

官網

粉絲專頁

Warwick學以致用的一句話

什麼是觀眾？觀眾如同自然的藝術接收器，觀眾是投資的股東，觀眾是買票的顧客。——《*Creative Arts Marketing*》

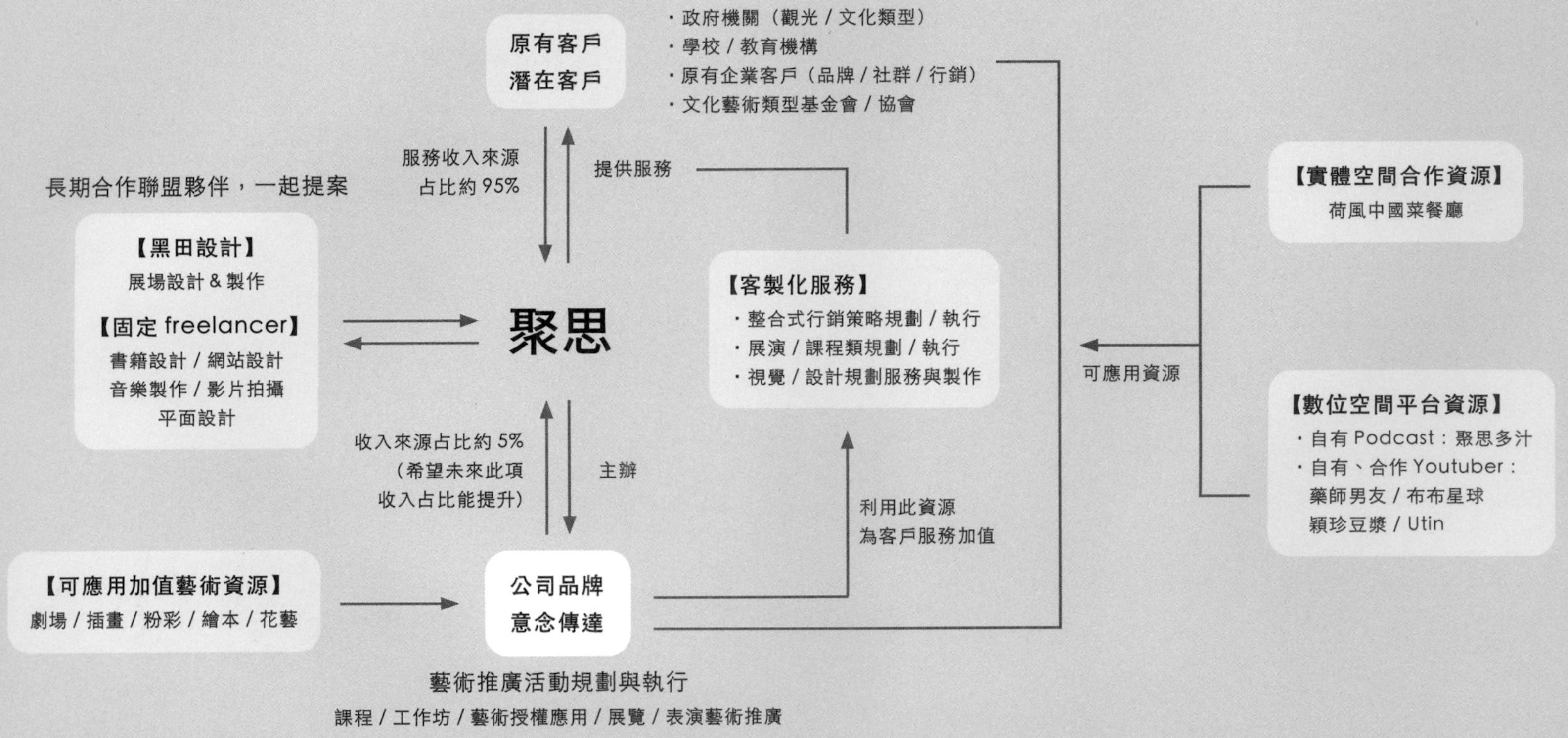
原有客戶
潛在客戶
・政府機關（觀光 / 文化類型）
・學校 / 教育機構
・原有企業客戶（品牌 / 社群 / 行銷）
・文化藝術類型基金會 / 協會
服務收入來源
占比約 95%
提供服務
長期合作聯盟夥伴，一起提案
【黑田設計】
展場設計 & 製作
【固定 freelancer】
書籍設計 / 網站設計
音樂製作 / 影片拍攝
平面設計
聚思
【客製化服務】
・整合式行銷策略規劃 / 執行
・展演 / 課程類規劃 / 執行
・視覺 / 設計規劃服務與製作
可應用資源
【實體空間合作資源】
荷風中國菜餐廳
【數位空間平台資源】
・自有 Podcast：聚思多汁
・自有、合作 Youtuber：
藥師男友 / 布布星球
穎珍豆漿 / Utin
收入來源占比約 5%
（希望未來此項
收入占比能提升）
主辦
利用此資源
為客戶服務加值
【可應用加值藝術資源】
劇場 / 插畫 / 粉彩 / 繪本 / 花藝
公司品牌
意念傳達
藝術推廣活動規劃與執行
課程 / 工作坊 / 藝術授權應用 / 展覽 / 表演藝術推廣

凡事盡心盡力，
一切就是最好的安排。

這邊，從創業前面的時光，稱之爲自我輪廓發展期；接著公司成立前兩年：天眞嘗試期；後續六年，歷經了實戰經驗累積期；二〇一九年起開始品牌形塑期，當二〇二〇年遇到大環境極度紛亂的疫情，衝擊了公司原有的規劃，而且改變了行銷趨勢，合作方式也有板塊的變動。

創業前期：自我輪廓發展期

經過創業這些年，才明白透過工作實踐的摸索、實驗、持續調整，才是眞正的學習與課程。

如同很多人所知的文化創意產業，這個中文詞彙在臺灣最早是由行政院於二〇〇二年五月依照〈挑戰二〇〇八：國家發展重點計畫〉的子計畫「發展文化創意產業計畫」所正式提出。所以，在我大學時期，「文創」這個詞彙，很多人根本都沒聽過，在二〇〇四年大四那年，學校爲了培養我們自主性學習，安排了一堂新的嘗試，要我們每個人都寫一則都市規劃的畢業專題。當時老師開了很多書單，書單中探討了很多全球網絡與創新的議題，對我來說參與這堂課，是個自我輪廓發展的敲門磚；自發性地找了很多相關的書籍來閱讀，想要了解文化創意產業跟城市行銷的關聯。

大學畢業後，給自己一年的時間，在大學教授那裡當助理，卻同步著手申請英國的學校，從書籍中了解英國早在一九九七年就已在政策上推動文化與創意面向，進行產業發展的政策。看了當時文建會出版的翻譯書：《文化創意產業——以契約去達成藝術與商業的媒合》，於是翻到後面找譯者的簡介，循著仲曉玲老師的學經歷上網搜尋關於華威大學，看到了文化政策的相關課程，自己心中篤定應該是要申請這所學校了，就這樣踏上著手銀行貸款，到準備考試、拎著一卡皮箱到華威大學的求學路；最奇妙的緣分是，同一年，居然在那裡遇到仲曉玲學姊，像個小粉絲跟她主動認識了。

華欣的真情分享

創業十年心法濃縮

把每一個顧客都當成一本書，需要花時間去閱讀與探索。想推廣的事物或是產業，都有蘊藏文化符碼，這才是企劃的根。

多方傾聽客戶的需求，透過對話與溝通，反覆梳理他們真正要達到的企劃目標、傳達出的品牌訊息，這是專案企劃的「莖」。

了解公司能服務的差異化，整理手邊可應用的藝術、文化、教育、設計資源，甚至可發展自己專屬的內容 IP (Intellectual property)，在「根與莖」基礎發展上，進行資源的媒合與跨界合作，創造出品牌加值創新服務——讓「樹葉茂盛」。

每一個專案結案，問問自己我學習到什麼？每一個經驗都是有意義的，有機會發展出新的商業模式案。

如是要經營一家公司，絕對要從損益表的數字中分析，才能因應外境，適時在成本利潤中，調整步伐，讓公司走下去。

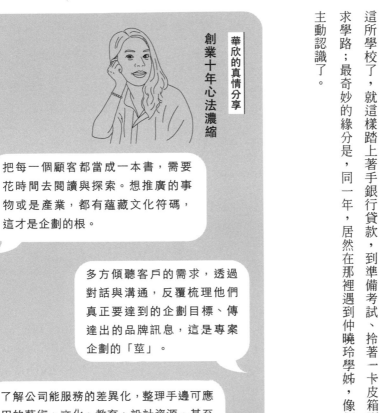

到底希望工作是怎樣的輪廓？

在華威時期，雖然課程當中是在學習歐洲的文化政策跟管理，打開了我的眼界；課程設計也透過不斷地分享，打破了我原本對於上課的想像，常常不時反問自己：「那臺灣可以怎麼做？」但因爲自己剛畢業就過去，沒有實務經驗，有的應該也只是一些不切實際的夢想。經過創業這些年，才明白透過工作實踐的摸索、實驗、持續調整，才是眞正的學習與課程。

如果可以重來，我會希望多一點實務經驗再出去唸書。不過，就如同我一開始所說的，沒有一條路是白走的。也因爲這趟留學，有堂「文化藝術機構的實習與觀察」的課，開放自行申請感興趣的機構，讓我有機會申請進入新加坡國際藝術委員會的行銷部門進行實習，實習過程中要完整地觀察機構的架構，並給予較批判性的評論。當時正在進行二〇〇六年的新加坡藝術節宣傳與行銷的事務，以濱海藝術中心（Esplanade - Theatres on the Bay）爲主要活動地，世界各地的藝術家也會前來表演，有歌劇、舞蹈、話劇、管絃樂等不同類型的項目，聚集了全世界優質的表演藝術者，我們做整合性的宣傳事件操作。這裡先略過當時學生時代不成熟的評論，但這爲期將近一個月的藝術節，新加坡政府宣傳的方式與力道——從藝文活動整合城市行銷策略，對當時的我看起來是耳目一新的。

回國之後，應徵進入了臺北縣（現爲新北市）政府文化局藝文推廣課的約聘職。

當時很幸運，遇到了當任的朱惠良局長，局長開始帶入較新的觀念，例如政府協助藝企合作的資源平臺、臺北縣與臺北市的北北合作等等，都有機會參與協助。而我主要負責「藝教於樂」，將表演藝術扎根於小學體系中，招攬表演藝術團隊，負責辦理工作坊——指導種子教師在教案的發想，並到新北市的偏鄉去做巡演。

二〇一五年與聯合報系文化基金會合作，承辦新北市勞工局身障街藝就業宣導計畫「藝起照亮，無障愛」。

沒有一條路是白走的。

年輕的我，對於公務體系的運作，常常很不解，有很多可以橫向連結應該要串流起來的，爲什麼做不到？例如：文化局與觀光局的業務範圍，變成重工或是多頭馬車？爲什麼跨部會很難整合等等？於是，做完約聘時期，就離開了公務體系。那時，我想：或許，應該更深入了解藝術團體都怎麼運作的，再考公職來改變一下；於是應徵進入兒童劇團擔任行銷公關，看到劇團的營運方式，更看到了藝文團體在臺灣生存的辛苦。在這兩段經歷的過程中，眞的好挫折，彷彿從夢想的雲端打入凡間，但也反覆問問自己：「到底希望工作是怎樣的輪廓？」

終於，有機會讓自己靜下心來，沈潛一段時間。二〇〇八年，剛成立的臺灣師範大學文化創藝產學中心正在招聘行政專員，那年是臺灣文化創意產業正開始被蓬勃討論的時期，文創中心就順著那個趨勢，想要藉由學校資源的匯集，轉型發展以「文化創新」與「藝術加值」爲核心理念的一個單位，於是我順利應徵進去。當時政府剛好很多的資源釋出，讓我有機會參與了很多學界與政府、業界合作的一些專案，包括幾屆教育部的「臺灣國際學生創意設計大賽」、「藝中求同／二〇〇九華文漢字設計週系列活動」、「二〇〇九彰化福興穀倉文化創意國際雙年展」等等，同時也培養自己多工處理事務的能力，包括中心的行政繁雜事務、專案管理、設計社團的接待等。也是這份工作，給了我創業動力的雛形。

二〇一七年爲臺北市青少年發展處策劃的展覽及系列活動服務案例，透過藝文活動的主題設定「作品，帶我去更遠的地方」，鼓勵青少年多元適性發展。

天眞嘗試期

好的設計與顧客需求之間，是需要一個溝通的橋梁；好的創意，也需要有好的轉譯者。

二〇一〇年，不知天高地厚，找了工作認識的兩位朋友，一位平面設計、一位金工設計專長，而我就是負責企劃文案與行政，異想天開以爲憑著彼此的熱情與感情，公司通過政府登記，就是創業了！眞的把經營一家公司想成太天眞了！

但很幸運，創業初期，因爲上一份工作的資源，我們順利接下了臺師大的畢業禮品設計提案與洽談。經過提案，從設計端、串連工廠資源、量產與包裝成本計算、業務端的洽談等，開始摸索出一套標準作業流程。不過當時的經費管理，都還是拿之前專案的經驗來處理，的確抓好利潤，對公司短期來說不會賠，接接幾個小案子，勉強可以涵蓋我們的非固定人事成本（初期只有我是全職，但又不支薪）。

這時，大環境的確鼓勵文創業者創業，二〇一〇年剛好是行政院文建會（現爲文化部）公布文化創意產業發展法，政府大力推動文化創意產業。所以創業不到一年，同年九月公司就通過臺灣師範大學藝文

聚思的第一個案子：臺師大的畢業禮品——勇氣戒，放在圖書館禮品部販賣。

金工設計師／Pauline Wu

育成中心審核，爲文建會育成補助計畫培育廠商之一。即使不成熟的創業企劃，也在育成中心安排的參訪、業師諮詢等相關資源陪伴中，慢慢成形。

華欣的真情分享

創業初期到哪裡找資源？

創業初期，其實可以善用政府很多資源，包含育成中心，可以查詢跟應用課程。在摸索公司的方向前，可以參考很多業師的實際經驗分享、也有很多同業的交流，對我們這種創業新鮮人，邊調整、邊進行，的確對於接下來的策略有很大的幫助。

當時，經過諮詢導師的建議：公司調整定位，透過金工設計師 Pauline Wu 的工藝技巧（當時合夥人之一），練習處理設計元素如何嫁接品牌，開始進行企劃與包裝，並向機構提案客製化量產的金工禮品。當時已經稍稍領會到：「好的設計與顧客需求之間，是需要一個溝通的橋梁」「好的創意，也需要有好的轉譯者」，而我就是扮演好這個角色。很感恩有過一連串的業界老師來輔導與諮詢，告訴我們設計授權的抽成，開始才激發將手邊的資源，進行整合規劃的概念。

育成中心更安排公司很多集體曝光的機會，把過去及現有的產品透過文建會參加了當時規劃的展覽，包括二〇一〇年參展「第一屆臺灣國際文化創意博覽會——國家形象館」、「二〇一〇北京國際文化創意產業博覽會——臺灣設計好物」等等。

透過展覽，目的希望能打開名聲及讓業務進來。展覽內容中，我們也洽談開發將一位知名設計師的平面圖像轉成金工設計，透過這樣的設計合作模式能在展覽中被看見。我們也運用其設計向政府單位提案外交禮品；但因為金工設計的貴金屬入門成本高，願意量產的可能性也就降低，所以即便每一個看到我們工藝技巧與企劃的人都覺得很新穎，但就是沒人買單。

當時的我就在思考，如果公司要繼續走下去，即使我們的產品再怎麼優秀，現在都只是可展覽的「金屬工藝」而已，眞的要把它量產化與通路化，才有可能長久。於是，當時我與合夥人有很多對話與討論，「要如何把文創產品變成眞正的生意」？我拉回金工設計師創作的本質，聊到她的創作很多都是使用九二五銀，她無意間說：「喜歡九二五銀，是因為它或許會氧化，但你會看到有點鏽鏽的感覺，我反而更覺得它是我的朋友，因為每一個痕跡都代表我的點點滴滴，它一直都陪在我身邊。」當時，我聽了很感動，開始天馬行空討論，或許有個產品可以讓大家「買共鳴」，多好！於是，我們開始開發了一系列的商品，也在臺灣的網路及大陸的臺灣館販賣。

反覆辯證自己的商業模式

這種故事品牌行銷，需要大量的時間積累投入及完善的通路規劃，當時我們的行銷與資本，根本沒到那個火侯。但，嘗試都是好事；即使賣不好，我們公司的作品仍列入行政院文建會出版物《二〇一一Charming Taiwan 文化創意精品專輯》，隔年二〇一一年也把這種故事品牌行銷的方式與聯合報系文化基金會——創意商品班做分享，長期合作師資。透過教學分享，有時也是在反覆辯證自己的商業模式。

除金工設計為我們主要的產品與服務外，也接了一些禮贈品委託案；在文創商品上的廣度，做了很多的嘗試，就是要讓公司營運能上軌道。我們開始結合手邊有

二〇一一年與國立故宮博物院合作開發的四款紋樣筆記本，目前已停售。

設計師／吳天韻

的設計師，其中有個比較中長期的案例，就是合作設計師吳天韻應用故宮展品上的紋樣進行創作，故宮博物院請我們開發這四款筆記本。但文創商品的開發，須考量故宮博物院的圖像授權費與通路抽成方式比例鑾高的，且大部分的成本都落在工廠製作，只要我們自己沒有工廠，或壓低生產端的成本，根本是個不划算的案子。這案子隔了多年後，雖然存貨都有慢慢消耗出去，但以時間、人事成本來計算，的確只是打名聲，卻持續虧本的生意！

所以在天眞嘗試期中，公司也不斷努力，且調整自己的方向，眞的是邊做邊學；直到成立兩年多以後，合夥人也因爲生涯規劃，才轉爲我自己個人獨資。這也是一個聚思轉型重要的分水嶺。當時曾不斷問自己：「還要不要繼續下去？」「我可不可以利用這兩年累積的實戰經驗，再做些什麼？」

二〇一六 Bon voyage！
小吉米海底大冒險 @ 屏東 3D 海底夜光海 × 法國圖文展，志工謝幕。

嘗試都是好事。

實戰經驗累積期

明確幫助客戶建立企劃目標，針對客戶本身的文化，以手中有的藝文資源來進行行銷的包裝。

二〇一二年開始，重新調整了公司架構與業務方向。既然自己慢慢培養出一種能力，是做業界與設計界、藝文工作者的橋梁，或是做資源整合、擬定成企畫。那何不因應某些機構預計要推廣文化、藝術、教育事業的需求，幫他們做一條龍的客製化整合企劃及推廣執行？

於是聚思的事業範疇，重新定位於「活動、行銷、文創」。當這樣調整後，陸續開始接到很多大單位的委託，包括關於文化、教育、創意行銷規劃、活動企劃與執行，合作單位有聯合報教育事業部、聯經數位股份有限公司、實踐大學進修推廣部、九歌兒童劇團等等。而，公司轉成獨資後，也聘請了一位創意總監，是我很有默契的好友Vance（之前劇團的同事），這段時間也是讓我開始練習當個公司營運者的階段。第一個案子，就是從「聯合報作文大賽」的規劃與執行開始，全程幫客戶透過活動規劃流程，來傳達聯合報辦理此活動的精神；從控管設計視覺品質、小展覽製作到應用藝文元素（沙畫及相聲對口）讓整場活動上

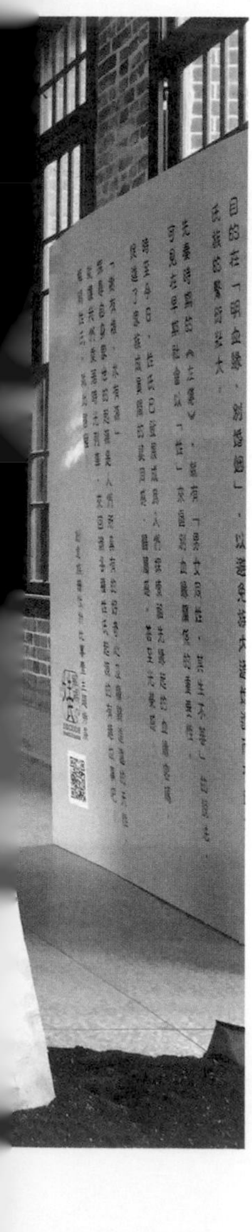

為臺北市立文獻館的樹心會館古蹟空間，進行創意族譜設計比賽暨主題特展的策展，並安排媒體專訪得獎小朋友。

有巧思，聚思客製化的規劃，讓此場活動執行賦予生命力。

接著，公司陸續招聘團隊，包含企劃、設計、攝影、執行助理等等，團隊開始積極主動投標，也承接許多政府部門的觀光整合行銷案。第一個政府案子，來自於「一〇三年臺灣好行—皇冠北海岸線行銷推廣暨通路整合案」，當年不僅競標勝過知名旅行社旗下的公關公司，我們提出文化創新的行銷方式，像是插畫家王子麵老師踩點及創作授權應用、網路歌手Utin的景點串連詞曲創作，更用女作家的旅遊文學分享，取代一般傳統熱鬧的記者會等等，的確有別於一般傳統旅遊推廣。

由於，當時這種藝文元素包裝觀光整合行銷尚未蔚爲風潮，執行完畢當年，就獲得交通部觀光局全臺評

解碼
翻開《解碼姓氏主題展》，也走進了
悠長的時光隧道，每個姓氏彷彿
紀錄了生命的個體、符號及標誌
帶領我們拼湊著跨越古今時空的
文化拼圖，一片一片被解碼
拼湊了起來。
創意族譜設計比賽暨主題特展
解碼姓氏
DECODE

比此條線為服務升級計畫中全臺灣第一，這個評鑑給團隊打一劑很大的強心針。

於是從二〇一三至二〇一八年，開始陸續參加地方政府依著這個評鑑的邀標，中間當然失利過幾次，但透過每一次的簡報與提案，都從評審的提問中，不斷調整自己不足的地方及優化，例如：如何更深入地方文化、到底什麼是地方政府想傳達的？才能更精準抓到如何跟政府部門溝通的方式。列舉這些年，成功得標的觀光整合行銷有：宜蘭縣政府的「冬山河線」及「礁溪線」、屏東縣政府的「墾丁快線」及「屏北線」、新北市政府觀光旅遊局「淡蘭古道八公里茶商之路」推廣計畫等等。

公司將這些執行經驗內化累積，漸漸擅長將當地的文化轉化成民眾了解的語言，導入觀光旅遊行銷事件操作中。每在投標前，都先針對不同客戶的要求與地方的特性，安排專案夥件，成立專案小組（除內部公司的人力，加上外包專案工作者），皆由公司統籌專案管理；除履約項目要完成外，我們的亮點，即是會明確幫助客戶建立企劃目標，會針對客戶本身的文化，以手中有的藝文資源來進行行銷的包裝。

簡單來說，一個地方政府文化觀光整合行銷案，從調研、活動目標設定、活動主視覺設計、藝文創意元素加入影音拍攝、事件操作、社群操作、禮贈品……等等，皆可針對不同縣市政府的需求導向，在預算制下進行完整的規劃與執行。例如，二〇一八年墾丁快線推廣，一般推廣去墾丁都是跟海邊活動相關，但導演增加了〈Go藝文行〉的微電影腳本規劃，應用已故詩人余光中老師的文字，串接每一個景點，讓墾丁旅遊推廣，有別於以往的風味。

話說，這幾年承辦的多起文化觀光推廣，其中透過展覽的方式是最常見的。例如：旅居法國策展人林莉菁老師，從法國安古蘭漫畫節引進於屏東，成爲當時屏東文化

辦理二〇一三、二〇一四沖繩藝術節，所有的經驗都匯入至公司經驗值。

聚思撰寫企劃的骨架與方法

每次看似獨立的專案結案，其實都會匯入至公司的經驗值中，漸漸建立聚思一套撰寫企劃的骨架與方法。

創意加值

應用藝文元素／設計思維（視覺、用戶體驗、同理心）創造議題操作，透過跨界融合，進行行銷策略訂立。

品牌想傳達的訊息

協助客戶釐清品牌真正要傳達給目標族群的訊息

文化

透過調研，深入了解歷史、文化的背景資料，融會貫通在企劃中。

處的主題展及系列活動的操作：「2016 Bon voyage！小吉米海底大冒險@屏東3D海底夜光海×法國圖文展」。這活動的目的也是透過兩地海邊共同的經驗，串起文化的連結與交流；透過這樣的藝文活動，同時也帶動屏東在地的旅遊與觀光。

這邊特別想分享的，就是與沖繩縣政府的合作案例：「二〇一三沖繩表演藝術及觀光推廣NUCHIGUSUI『～命藥～』臺灣巡演計畫」、「二〇一四沖繩藝術季」，臺灣北、中、南的行銷與執行都是聚思規劃辦理。當執行完這專案後，對於公司未來服務客戶及規劃行銷企畫，又有了更多的刺激與新的學習；這也是爲什麼稱這個時期是「實戰經驗累積期」。沖繩用表演藝術體驗文化的愉悅感受，來串連觀光的方式，讓我有些體悟，更作爲後續企劃服務的方法架構：「文化」絕對是根，而我們服務對象對於「品牌想傳達的訊息」就如同長出來的莖，「創意」就如同葉子，創意可以透過跨界融合、設計思考的行銷策略等等方式，幫其加值。

像沖繩觀光產業的根，就是沖繩的地區文化與元素。劇目善用傳統文化的創新來創作，品牌想傳達的訊息就是想宣傳沖繩的文化與觀光；而創意就來自於情境與藝術的帶入，民眾願意走入劇場，等於是很容易輕鬆地進入那個情境：從服裝、音樂、舞蹈、吉祥物……，等等，過程中鑾多橋段是表演者與觀眾玩在一起，每一位參加完的觀眾，都玩得很開心且意猶未盡。更因此體會到：品牌黏著度建立的關鍵，第一步絕對來自於產品本身的用心與優質，才眞正能達到文化創意的品牌效益。

自從二〇一二年公司轉型後，實戰經驗累積期這六年，除承辦觀光旅遊結合文創的客製化行銷規劃與執行外，也與臺灣戲曲學院進修推廣部有持續性的合作，有機會將傳統與創新整合在一起，透過藝術教育與文創產品的方式，將傳統表演藝術落實在地區做推廣。

其實，看似豐富的業務量與成長的營業額背後，有非常多營運的挑戰。在實戰的過程中，開始與團隊設定營業額目標，每個專案，就專案成本與利潤都要設定在七成與三成。這麼做以後，一直到二〇一六年才開始有盈餘，到二〇一八年我們的年營業額衝刺到前幾年的三倍左右。但其實在損益比較表中，數字會說話。二〇一八年營業額最高，利潤卻沒有前幾年好，到底哪裡出了問題？知道蠻多文創工作者都不愛看數字，但經營一家公司除了夢想實踐外，更重要在於：創業者須思考後續如何讓公司業務持續？持續創造利潤才有可能經營下去。在這裡將公司的問題點分享出來，也提供給欲創業者不要重蹈覆轍。

既然我們每一項專案管理都有拉出利潤，到底公司整體成本哪裡出了問題？攤開損益表，看到開銷占比最高的是固定費用：包含人事成本、租金、水電等等，這些大約都是占營業收入的百分之五十以上，尤其是固定人事成本占比。檢討自我，總結觀察到的問題如下：

與臺灣戲曲學院合作推廣「戲曲好漾‧寶島藝能行」。圖爲記者會上的表演活動。

沒有做公司長期的人力資源分配跟考量

中小文創企業人事安排，應該是需要整合型的人才，而非各司其職的角色。一開始蠻多是某個專案需要什麼人，我們爲了籌組團隊，就應徵這個職位，當專案結束，同事沒有繼續發揮經濟效益，卻變成公司的固定成本。很多時候因爲公司有這樣的人才，所以要去找這樣的業務類型來達到營業額，反而本末倒置。

來者不拒

應培養舊客戶長期且穩定的關係，並讓團隊更清楚知道公司品牌走向，有機會選擇客戶，而當時爲了要負擔公司的固定人事成本而追求營業額，公司反而成了爲接案而接案，但什麼相關的案子都接、想達到營業額，就會造成新的開發成本及客戶的複雜性；新顧客的比例變高，也會增加隱形的溝通成本。如果持續培養舊客戶，是長期且穩定的關係，或讓團隊很清楚知道品牌的走向，就有機會選案件，更可提高客戶的單純度；此時，經驗才有機會更有效率地傳承，人力資源可以平行應用，新案子的學習成本也大大降低。

備用資金沒考量到現金流周轉的問題

這是最實務的面向，在獨資的狀況下，公司的周轉墊付都必須由負責人先投入。當接到的案子愈多，應收款項愈多，相對需要周轉的金額也是愈大，前期都還可以平衡得過來。但在二〇一八年起因家中私人因素，造成獨資的我很大的壓力，這個背後除了尋求銀行的資源及借貸，也增加了一些利息成本，蠻多都是親友的協助與支持才渡過現金流周轉，特別是感謝駱恆塑膠製品有限公司林董一家人的幫忙，更傳授了很多經營公司的經驗談。總體來說，二〇一八年營業額雖最高，但利潤不高的狀態下，於是公司開始經歷財務面非常辛苦的狀態。

△二〇一七年《新北市政府觀光旅遊局－淡蘭古道八公里茶商之路》。此爲當時文史工作老師，在古道中的指引。

品牌定型期

打破甲乙方界線，推動新夥伴關係，找尋聯盟合作夥伴，創造持續性的雙贏模式。

二〇一九年，開始試著解套財務面，與定位公司品牌的差異化；因爲有這十年的資歷，很多新舊客戶都主動來找我們接洽案件與邀標。首要解決的，就是「節流」：進行人事調整，讓人力效率最大化；大部分的人力轉爲專案合作，但還是由聚思統籌企劃與執行。這些專案工作者，大多是合作過的，上下游關係鏈非常緊密，溝通成本也降低，由聚思這邊接案與發案，減少固定成本。

二〇一九年除穩固手邊的案子，下半年開始發展聚思的品牌：「眞・善・美」的意念傳遞者，主動出擊跨出臺灣。當時與廣西米克斯教育投資公司針對早教的藝術教育培訓進行規劃，並與深圳的一所機構準備合作推出系列課程；接著，幫一間即將在上海商場進駐的品牌調研、進行設計定位與前期規劃。總的來說，都進行到中前階段了，沒想到二〇二〇年Covid-19疫情讓所有規劃暫停；但看是按下暫停鍵，卻有更多機會觀察並嗅到大環境的調整，也因此公司在屆逢十年的上半年，沉潛中做了些調整，跟上大環境造就新的模式。以下是疫情之後，因應出來的商業與合作模式：

建立品牌形象：由自己主辦藝術推廣活動

在二〇一九年發展品牌意象的規劃中，我們同樣延續去年深圳暫停的藝術教育，轉化項目，規劃聚思自己的藝術教育計畫——寶寶玩繪本，並申請文化部的補助，產出自己的工作坊IP。期許未來有機會，能提高此業務比例，與相關單位提案與合作應用。

與「VIVI隨心創作坊」共同主辦「回家尋味。後山埤繪本走讀工作坊」。

幫客戶品牌推廣時，更強化「藝術走入生活」元素，讓其服務加值

▷由公司主辦，文化部補助的「二〇二〇寶寶玩繪本工作坊」：利用繪本結合遊戲與戲劇的概念，玩藝術。

視覺設計/何光日

善用手邊的藝術資源，讓藝術跟品牌更深度地對話，開始羅列手邊有的藝術家及工作室，洽談經紀或合作。除了之前寫企劃的方法外，更加入策展的邏輯來主動出擊——幫客戶主動規劃。步驟是這樣的：我們會篩選或梳理客戶要傳達的訊息，接著幫忙賦予情境與脈絡——找出心有戚戚焉的共鳴感，再加入自己的觀點幫品牌故事設定的旁白，讓社群有機會可以分享與傳達。這是近期聚思主動幫客戶進

行差異性品牌規劃與活動執行的脈絡。這邊舉兩個二〇二〇年規劃的例子，案例一是一〇九年度臺北市都市再生行動育成實驗—「回家，找尋屬於後山埤的情感：地方青銀繪本走讀工作坊」；案例二是系列課程「品味．生活：五感創作工作坊」。

案例一：政府想解決「都市內世代溝通議題」，我們透過藝術欣賞，透過「繪本挑選」找到了居民與藝術的共鳴點，將熟齡繪本導讀的工作坊，巧妙地結合社區文史，在臺北市永春里辦了跨齡的社區型繪本走讀工作坊。

案例二：餐廳欲傳達「飲食文化，就是生活享受」的訊息，我們透過可應用資源「和諧粉彩藝術」的核心精神，與餐廳做了完整的嫁接。「和諧粉彩藝術」（Pastel Nagomi Art）的推廣來自於日本創辦人細谷（Hosoya）先生，其運用手指調和粉彩的獨特繪畫方式，強調人人可創作藝術，透過簡單的繪畫方法，運用粉彩和手指來彩繪創作者內在的色彩，爲創作者的心靈帶來和諧、寧靜和喜樂。餐廳的氛圍與空間，讓人愉悅共食，美食讓人與人之間有交流。這兩個元素有個共通點，都來自於：「人們一起共同做些什麼，而形成著情感交流」。（共食與共畫）

於是，我們用粉彩創作當媒介，在米其林美食的饗宴後，透過味覺在一起共畫，進行粉彩創作工作坊。

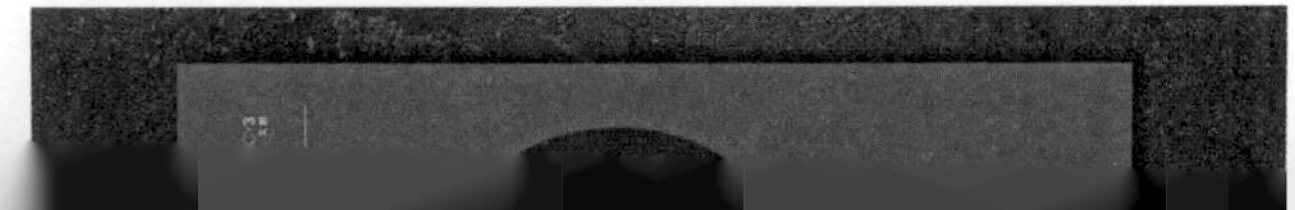

聯盟，希望是強強聯手

二〇二〇年起開始，打破甲乙方界線，推動新夥伴關係，找尋聯盟合作夥伴，創造持續性的雙贏模式。例如，跟同期成立的黑田設計有限公司已建立起資源共享且聯合提案／標案與執行的模式。再來，我們與荷風中國菜餐廳，進行策略聯盟，其中一項結合電子行動支付及智能的新計畫即是：「臺北人的餐盒」，由聚思規劃了插畫家奧斯卡的臺北人圖像，進行授權且操作行銷，讓雙方一起創造持續性的利潤。

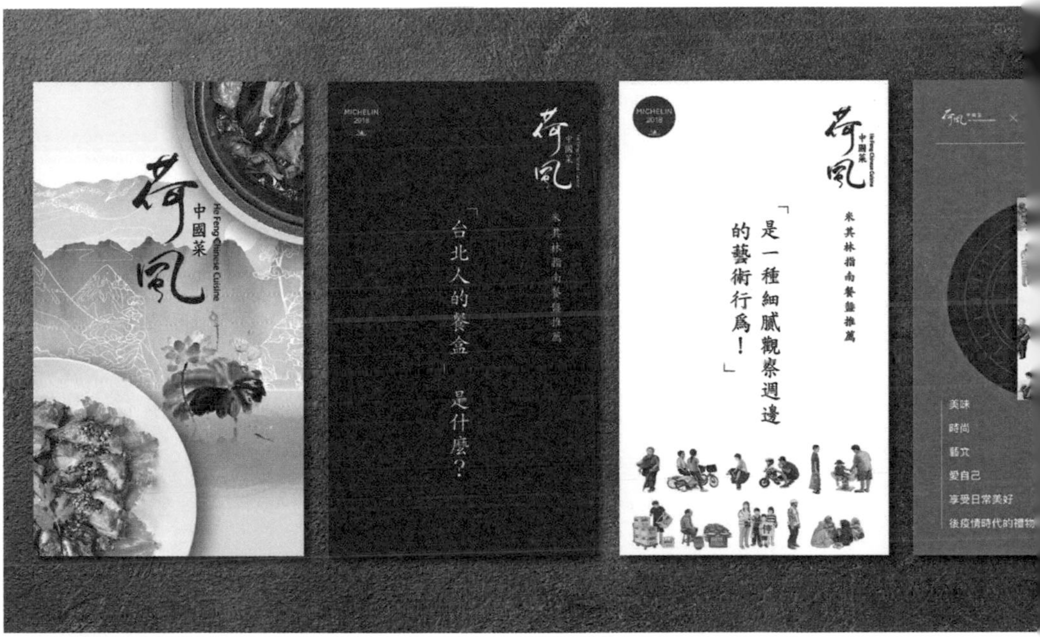

二〇二〇年荷風中國菜餐廳與聚思文創跨界合作，規劃數位旗艦店的餐盒，由插畫家奧斯卡的圖像，進行授權應用。

要有數位管道，更直接掌握消費者

因爲數位行銷趨勢的改變，加上疫情因素，聚思上半年開始嘗試創造公司自有內容IP（例如醫藥知識／旅遊玩樂／趣味新知），建立YouTube頻道與社群管道；基本上也是本著策展的經驗，將知識梳理，傳達給閱聽眾。案例：「藥師男友」頻道×永信藥品的合作。

同時，順應行銷趨勢——聲音的世代，近期將聯盟合作夥伴集結在一起，上架聚思專屬Podcast頻道（JUICY3 radio）。以上這些數位創作，是靠訂閱制的推動，雖沒辦法持續帶來即刻收入來源，但可以讓聚思更掌握閱聽者的行爲，累積內容，與消費者建立直接且緊密的聯繫關係，進一步直接給我們在服務客戶上的創新規劃，優化我們的服務。當然，未來團隊期許能推動廣告與流量營收互通新生態圈。

二〇二〇年聚思團隊創造自有IP「藥師男友」頻道，與永信藥品建立分享知識及置入性行銷的合作模式。

◁二〇二〇年時，執行新北市客家文化推廣成果社群網站影片的拍攝與行銷，在亞東技術學院工作現場。

核心不變的，仍是要堅持品牌價值

二〇二〇年的大環境，對大家來說都是個很特別的一年，一直到您閱讀文字時，聚思仍戰戰兢兢走著，不斷地自我調整，希望能堅守品牌的價值：

自己力量雖然很微小，但始終堅信——

聚，是合的力量

思，是意念

每一束微光，聚在一起亦會變陽光。

讓聚思，成爲眞．善．美的意念傳遞者！

每一束微光，聚在一起亦會變陽光。

曉玲老師的 Q & A

Q—聚思．文創雖爲獨資，但也有好友加入創業營運夥伴，此種創業組織型態爲文創產業常見，其中的優缺點是否有什麼提醒？

A—好友合作，有默契，腦力激盪很有火花，對文創工作者來說是蠻好玩的！但，經營一家公司，不只看火花，後續的落實才是重點。不要仰賴默契，就忽略了溝通，定期的例會是必要的，不要怕摩擦，也藉此評斷願不願爲了公司一致的目標而調整。

Q—參與「商展」對聚思．文創本身的專業業務發展及客戶來說，皆是很重要的行銷展演場域，您如何看待文創策展的操作準則？

A—「展覽」是很棒的場域，可以傳達民眾的訊息。文創策展，只是將自我價值與訊息賦予情境與故事，讓有共鳴的觀眾搭建起情感的連結。所以，一定要花點時間認識「自己」！擅長什麼？不能做什麼？自己的價值在哪裡？會發現常常我們對自己的定位和目標族群，透過客觀、主觀的分析後，跟自己的想像是有落差的。

Q—聚思．文創發展過程中，從創業前期「創意的轉譯者」到後期「文化的轉譯者」，您如何看待這兩者之間的任何共通或差別之處？

A—前期我們是在包裝金工設計，透過一些方式，將創意的理念傳達出來。那時很不成熟，還稱不上轉譯者，只能稱作「翻譯」。

後來才發現，「文化轉譯者」不只是單方面的表達，更多時候我們是雙向在當橋梁。每一個客戶，都蘊含一種專屬自己的文化，透過創意的規劃，觸動觀眾；這個轉譯的過程需要內化及更清楚知道目標族群需要什麼。我也還在學習！

Q—聚思在一系列的專案／標案業務中成長轉型，若從專案管理來看，私部門「業界客戶」與公部門「政府客戶」可有任何差異之處？

A—政府客戶，計畫量化的目標通常是明確的，在投標時，就應該要把執行項目抵定。但簡報通過，跟實際執行，是兩回事，因爲「長官的想法」蠻關鍵的，這時候要估算溝通成本，要在公家機關既有程序的原則下進行，以完成KPI。業界客戶，在於價值的傳達。於是在前期的提案：釐清與擬定目標與策略就格外重要；執行後，也會因應市場反應做調整。專案管理更講求彈性；甚至，要看到未來可以怎麼發展，來進行建議。

Q——聚思在經歷陸續發展轉型期後，目前是否已形成自我選擇「專案」與「客戶」的品牌原則？

A——第九年開始，的確業務主動來找的機率很高，所以主導性確實變高；再者經驗累積，更可以相對精準判斷適合我們的客戶。

Q——聚思．文創如何認知到在發展階段中自我「品牌」的形成，是基於如何的顧客關係與市場回饋？

A——常常從顧客關係中，聚思擅長把「感動」讓更多的人能接收到；顧客其實也從合作中發現自身的特質。這種「用心的提案」，更多人味，舊有顧客覺得我們懂他，也會持續合作，更樂於把這樣的案例分享給更多人；因此更多頻率對的客戶也會主動找我們服務。

Q——聚思從透過整合行銷服務客戶的IP，到近期嘗試透過數位影視音頻道創造自我的IP，您如何想像文創IP的開發運用與其在聚思「新生態」中可能扮演的角色？

A——二〇二〇年度，蠻多客戶都希望能夠產出更多數位內容；因此我們自然而然扮演的角色就是「內容的企劃」，這時的服務，不僅可以善用自公司的IP進行結合，更可運用文創策展邏輯，讓閱聽眾進入情境中來吸收客戶想傳達的文本。未來，當然希望透過這自有IP能衍生更多元或跨界的應用。

Q——「聚思國際事業」，全球疫情的發生對於您想像未來聚思．文創的國際化發展有何影響？

A——疫情期間，更多大單位找上我們合作。只要品牌方向清楚，在這紛亂大環境中，反而吸引更多跟我們同頻的客戶；或許談國際視野，比國際發展好，期許讓自己的品牌更優質才是關鍵。

Q——雖說聚思．文創目前已渡過了「天真嘗試期」，進入「品牌形塑期」，但文創創業者的某種天真是重要的成長驅動力，目前聚思若仍保有任何的「天真」，那會是什麼呢？

A——對真善美的感動，是人的天性！

劉華欣——聚思．文創 JUICY3

使看不見的東西
被看見！

Chapter 6

文創教育 播種扎根 百年樹人

文 仲曉玲

在文創看似百花綻放的表土深處，人才的成長、適應、學習與改變的根本需求，仍然考驗著我們的創意，去發展問題的解決之道與願景的想像，讓一切的變異成爲源源不絕的養分，讓文創不只有自由與彈性，更具有自我修復、生生不息的韌性。

回顧初心

二〇一九年十一月，就在博士學成返臺後，在成功大學任教即將屆滿十年之際，很榮幸地受到教育部「Taiwan GPS 海外人才經驗分享及國際連結計畫」辦公室邀請，在成大綠色魔法學校以公費菁英留學獎學金得主的學人身分，分享留學經驗。主辦單位的活動主題爲 Mission Possible，也請我爲自己的演講下個標題，當時我直覺地寫下：「I'm Possible！心動、行動、感動的世界探索旅程」。

「心動、行動、感動」總結了自己先後兩段在英國攻讀碩士（二〇〇〇年～二〇〇一年）與博士（二〇〇五年～二〇〇九年）的留學歷程，即使這十年來每週在

留學經驗分享 Mission Possible — I'm Possible!

文創事業路徑

職銜 成功大學創意產業設計研究所副教授

開始任教時間 二〇一〇年～迄今

研究興趣

創產生態與人才發展 Creative Ecologies and Talent Development
創意媒體企業管理 Management of Creative & Media Enterprises
文創產業政策 Cultural and Creative Industries Policies
創產城市與亞太區域發展 Creative Cities and Asian Pacific Regional Development

授課領域課程

創意產業體驗與研析 Creative Industries: Experience and Studies
創意服務設計 Creative Service Design
創意產業研究方法 Creative Industries Research: Planning and Methods
創意設計管理 Managing Creative Enterprises
創意行銷：文化、社區、與場域 Creative Marketing: Culture, Communities and Contexts

Warwick 學以致用的一句話

創意產業與人才在永恆變異中有機成長。

「使看不見的東西被看見！」

成大創產所官網

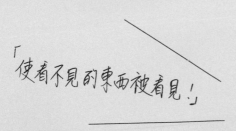

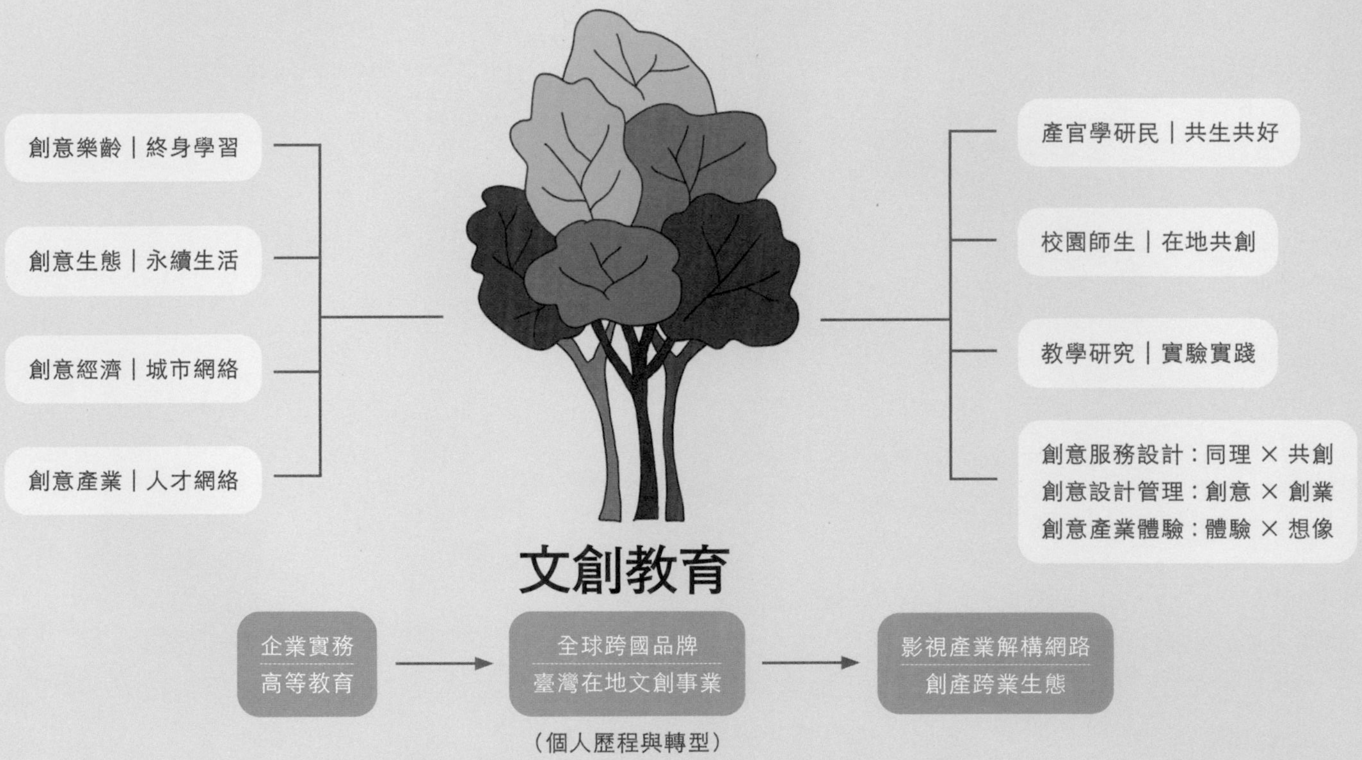
創意樂齡｜終身學習
創意生態｜永續生活
創意經濟｜城市網絡
創意產業｜人才網絡
產官學研民｜共生共好
校園師生｜在地共創
教學研究｜實驗實踐
創意服務設計：同理 × 共創
創意設計管理：創意 × 創業
創意產業體驗：體驗 × 想像
文創教育
企業實務
高等教育
全球跨國品牌
臺灣在地文創事業
影視產業解構網路
創產跨業生態
（個人歷程與轉型）

臺南—臺北兩地，大學教研工作與家庭生活間移動著，每當夜深人靜或在電腦前筆耕閱讀時，腦海中仍不時出現那段異鄉時光，從追憶中找到持續向前的力量！

希望將自己的這篇回顧與展望，分享給文創工作者與有興趣修習文創及投入相關研究與教育工作的朋友！

開一扇窗：前進莎翁的英國

我在協助國外藝術家或國際品牌進入臺灣市場時，常常思索著究竟臺灣與其他國家的消費文化與文化消費有什麼不同？當全球品牌企圖立足臺灣時，那屬於並能代表臺灣的品牌又是甚麼？

因爲自己對於英文的喜好，以及父親期許我將外語練好以利出國唸書、拓展視野，大學時代進入政治大學主修英國語文、輔修教育，也因爲對英國文學莎翁的嚮往，於是有著跟多數計劃去美國唸書的同學不同的留學想像，而當心裡堅定著前進英國時，卻也直覺地感到自己好奇著企業界打拚的模樣。於是大學畢業後在九〇年代蓬勃的臺北企業環境中，陸續接觸了有線電視臺的新聞編譯、私人博物館、公關企劃等工作。除了拓展國際視野，了解國際品牌看待臺灣市場的觀點與策略外，也讓我在協助國外藝術家或國際品牌進入臺灣市場時，常常思索著究竟臺灣與其他國家的消費文化與文化消費有什麼不同？當全球品牌企圖立足臺灣時，那屬於並能代表臺灣的品牌又是甚麼？

在媒體與企業界的企劃行銷工作，讓我當時滿腦子想著攻讀「Marketing & Communication」行銷傳媒相關課程，申請了不下十所學校都拿到入學許可，而最後決定選擇華威大學是因爲當時課程簡章上的一門課：Artistic Imagination（藝術想像力）吸引了我。我注意到華威除了商管研究知名外，它的文化、社會研究，甚至戲劇電影藝術研究也十分傑出，而當時決定放下在臺北光鮮亮麗的工作，前進華威校園攻讀的碩士課程：創意媒體企業管理（Creative and Media Enterprises），更是當時全歐洲首創，整合文化政策、創意產業、藝術及媒體管理。最後證明它的確是一個恰恰好的時機與場域，讓自己在企業界工作只懂得思考操作方法 what and how，可透過理論與實務的對話再學習，思考更多的 why？

記得碩士課程中常常思辨著許多商學或文化政策管理的既有理論，一星期中週三、週五兩個整天的研討課，一天中可能上午研討品牌策略、文化理論，下午課程卻邀請來獨立製片人、音樂創作人、劇作家等分享他們的創業創作歷程，提醒我們既有的商業模式與理論框架可能並不適用，無法詮釋一群充滿個體性、彈性工作、感性多於理性的創意工作者。如此在理論與實務中不斷反思檢視的訓練，也凸顯新興創意產業需要更跨域、更包容、更有彈性的思維與方法。最後，自己的碩士論文也勇敢地跳脫過往熟悉的大型企業行銷研究框架，轉而分析英國電影產業中微型獨立製片組織的變化，也完成了人生第一份獲得 Distinction 的傑出論文。

一轉眼，已是二十年前，華威碩班同學與課程主任 Dr. Chris Bilton（後排中）的期末聚會。

搭一座橋：從碩士到博士，理論與實務並進？

碩士完成後要繼續唸博士嗎？這個問題在碩論尚未完成，自己還沈浸在閱讀寫作的甜蜜痛苦中時就不斷浮現腦海，但或許是受到上一段在臺灣的大學校園——職場轉換經歷的影響，在要離開另一個英國校園時，對於眞實產業環境仍有著迫不及待的好奇心。於是在二〇〇一年碩士完成後的四年，回到臺北繼續投入企業工作，嘗試檢視與觀察在英國學習到的創意產業在臺灣萌芽的模樣，無論負責當時誠品書店敦南旗艦店整合行銷、影視製片公司行銷企劃公視文學戲劇、兼任臺灣藝術大學電影系講師、或擔任政大創新與創造力研究中心的執秘等工作時，常讓我有機會學習反思，究竟在文創產業中，文化與創意、藝術與商業，乃至於創意與創新之間的關係是什麼模樣？

英國創產碩士密集的一年學習訓練爲我打開了一扇窗，而在臺北產業環境中現實與理論對話翻攪的那四年，則是讓我得以看到窗外許多風景與遠方仍飄著一朵朵未知的雲彩，總是不時提醒著自己對於博士的追求。

然而，當時新興的文創產業領域，並不屬於公費留考中的既定項目，所以只能試試「教育部精英專案培育甄選計畫」。鼓起勇氣在每天工作之餘唸書準備博士申請並送出獎學金申請計畫，但也還等不及確認是否拿到獎學金，自己已經在新婚後三週、一個下著大雪的三月天，平安重返華威校園。當時自己拖著全身上下近三十公斤的行李走進宿舍房內，剛拿出筆電裝上，等著跟家人 skype 連線報平安時，同時收到了教育部獎學金錄取的 Email 通知，仍清晰記得自己顫抖著手，點開信件後的驚喜與激動！開心地跟家人分享喜訊後，自己站在窗邊望著窗外茫茫雪景，心中勾勒著爲學術與實務搭橋的博士生涯！

感謝另一個四年的博士養成訓練考驗著自己，如何找到新興產業的關鍵發展課題，並跨域整合出一套屬於自己的原創（Original）研究方法，最終完成十萬字博士論文；這份最終產品（Product）其實很渺小，過程中的計畫（Planning）、準備訓練（Preparation），透過校內外的研討與研究訪談接觸到的人們（People），才是最珍貴的收穫，也因爲自己的這份跨領域博論，讓我有幸獲得了華威大學第一屆博士後青年研究員獎學金（Early Career Fellowships, The Institute of Advanced Study, University of Warwick）的鼓勵。

摘一包種子，「創意產業」是甚麼？

在英國，對於創意產業的一切學習與體驗是關乎從生活裡、喜好裡的靈光乍現與眞實感悟，如何透過自己的手藝、技巧、方法，成就一片園地。

常被問道：妳在英國學到的「創意產業」是甚麼？我總試著以一場自己的親身經驗與心領神會來詮釋回應。

曉玲的真情分享

與華威大學第一屆博士後青年研究員獎學金得主一同留影。

英國留學啟發

- **獨立思辨**：懂得自己準備書單與閱讀，多找尋利用不同資源佐證，消化整理出一套自己的理解與解釋，不人云亦云，客觀看待不同意見。
- **理性－感性交替**：新興創產中許多無法被既有理論框架解釋的個案、行為、住在倫敦進行博士研究的那幾年，若沒有特定研究或田野行程，總是一早起來唸書寫論文，中午便帶著自己做的三明治與一袋水果，在城市中找個公園、畫廊或博物館，看場免費展覽當作犒賞與充電。

有天走到自己最喜歡的V&A博物館（Victoria and Albert Museum），記得隨心走進一場以花卉爲主題的畫作聯展，欣賞完畫展慣例地走進博物館中的禮品店，看看是否有畫展的衍生商品。視線尋覓了一圈，除了看到些既有的常銷品外，沒見到什麼以這場花作畫展的衍生品，於是只是隨心地爲自己再添　支鉛筆收藏，走到櫃檯準備排隊結帳時，才注意到收銀檯邊有個若不經意就會被忽略、如面紙盒般大小的紙盒，裡面整齊放著數排花種籽小包，我從包裝上的圖案認出幾幅是畫展中的畫作，我這時才驚喜發現，這場花作畫展的唯一衍生品：一包包的花種籽！有向日葵、玫瑰等，一包售價僅英鎊九十九P，不到一英磅（當時約臺幣四十多元）！

當下，自己站在櫃臺邊有種被雷擊般的觸動！是啊！在英國，對於創意產業的一切學習與體驗是關乎從生活裡、喜好裡的靈光乍現與眞實感悟，如何透過自己的手藝、技巧、方法，成就一片園地。創意產業不該只是販售著琳瑯滿目、授權衍生的各式商品如馬克杯、T恤、磁鐵、便條等，更應是帶包看似低調的種籽回家，在自己的辦公桌前、陽臺、院子創造一處生活角落，透過親自的摘養照料，買盆、鏟土，看著花兒在陽光、空氣與水中的花開花落，體會畫家的心路歷程與花兒的生命歷程，創造具有漣漪效益的美感與體驗價值。人們會種花美化生活空間、身心靈，或

現象，懂得在聆聽不同的感性故事後，試著理性地批判思考。

- **正式－非正式轉換**：許多正式的學術研討與非正式的社交場合，一個場合中也可能不斷在正式的對話與非正式的交流中轉換，學習在不同文化與人際場合中聆聽、表達、分享。
- **忠於原創**：碩博研究過程中在理解前人貢獻的研究基礎上，探詢自己的研究主題不同之處，跨領域產出一套科學客觀的研究方法。

陪伴我在博士田野期間，住在倫敦同一棟樓、各自追尋著人生夢想的異國好友們。

許也因此捕捉到自己靈光乍現的一刻，有了另一幅獨一無二的創作！

文創不是零售包裝、衍生也不只是獲利，而是創造生活、生機、生命的意義！

耕一片園地：教育如創業、如農業

"We have to go from what is essentially an industrial model of education, a manufacturing model, which is based on linearity and conformity and batching people. We have to move to a model that is based more on principles of agriculture. We have to recognize that human flourishing is not a mechanical process; it's an organic process. And you cannot predict the outcome of human development. All you can do, like a farmer, is create the conditions under which they will begin to flourish."——*Sir Kenneth Robinson*

微小的種籽就如靈光乍現、稍縱即逝的創意，力量漣漪無限。
Photo by Matthew Henry from Burst

認識文創 3E: Enterprise | Economy | Ecologies

從重視個人實現與創業(enterprises)的「創意產業」，延展到以人才及智財驅動跨業創新的「創意經濟」(economy)，再深化演化為「創意生態」(ecologies)，強調人才與環境間永續健康的互動與學習。

「我們的教育必須從製造業速食生產的模式，轉型回歸到以農業原則爲基礎的模式。我們必須瞭解人類的成長茁壯，並不是機械化過程，而是有機的過程，沒辦法預知發展的結果。我們能做的，就像是個農夫，就是去創造土壤的條件，讓人類從中成長茁壯。」——肯尼思・羅賓遜爵士

畢生致力於推動創意藝術教育與學校教育翻轉的已故英國作家、教育家——肯尼思・羅賓遜爵士（一九五〇～二〇二〇）的這段話常常提醒著我。

在成立至今十五年的成功大學「創意產業設計研究所」任教，每週在臺北—臺南、家中—學校，高鐵北南通勤已十年，常常有人問我，究竟是什麼樣的誘因或動力，讓我樂此不疲？我想是那片讓我可以鍛鍊自己成爲一個農夫的園地。在英國對於新興創產的碩博士學習與生活經驗，讓我樂於擁抱未知、多元跨域，也讓我思考身爲創產教育工作者，若如一位農夫，我能在這片土壤上創造哪些有機的學習條件與成長過程？

成大創產所是個全英語教學、小而美的研究所園地，每年招收碩博士生總計約三十餘名的學生當中，約有五分之二來自世界各地的外籍生，有著不同的專業背景、國籍文化，如花草繽紛，尤其透過三小組混組教學（行銷與品牌規劃／媒體與互動設計／產業與服務創新），如此的混搭，似乎延續著自己在英國的學習養成模式，師生有著充分的自主，可嘗試不同的

創產所學生在臺東池上的體驗之旅。

教學方法。以下藉由三門碩博士課程的教學相長經驗，分享自己持續耕耘中的實踐與成長。

第一門課

「創意產業體驗與研析」：在理論與體驗之間

> 相較於英國強調的個體創意，臺灣強調集體性的價值：文化積累、生活環境、美學素養提升。那麼又該如何從產業去認識文化、創意、生活、美學？

英國「創意產業」乃「起源於個體創意、技巧及才能的產業，通過知識產權的生成與利用，而有潛力創造財富和就業機會。」臺灣的「文化創意產業」定義則爲：「源自創意或文化積累，透過智慧財產之形成及運用，具有創造財富與就業機會之潛力，並促進全民美學素養，使國民生活環境提升之產業。」對照兩者，共同強調智慧產權與財富及就業機會的創造，而相較於英國強調的個體創意，臺灣則強調集體性的價值：文化積累、生活環境、美學素養提升。那麼，又該如何從產業去認識文化、創意、生活、美學？

在創產所任教，每年挑戰最大的課程便是全所碩博班一年級新生的共同必修課「創意產業體驗與研析」（Creative Industries Experience and Studies）。如何在自己的土地上，以「體驗」作爲連結，串連基礎理論概念與產業議題研討？還要能夠達到研究所教育被期待的：降低學用落差、理論實務並進、多元文化融合。這幾年嘗試下來，不論是自己一人輪值開課，或是近來參與負責統籌全所教師共創，也逐漸找到了師生共學共創的路徑。

實踐一：上學期「創意產業」、下學期「創意經濟」

以這堂「體驗研析課」爲例，在上學期的基礎入門階段，本所每位教師從各自專長的藝術策展／數位媒體／城市空間／產業創新／品牌行銷／設計思考／創產網絡與生態等

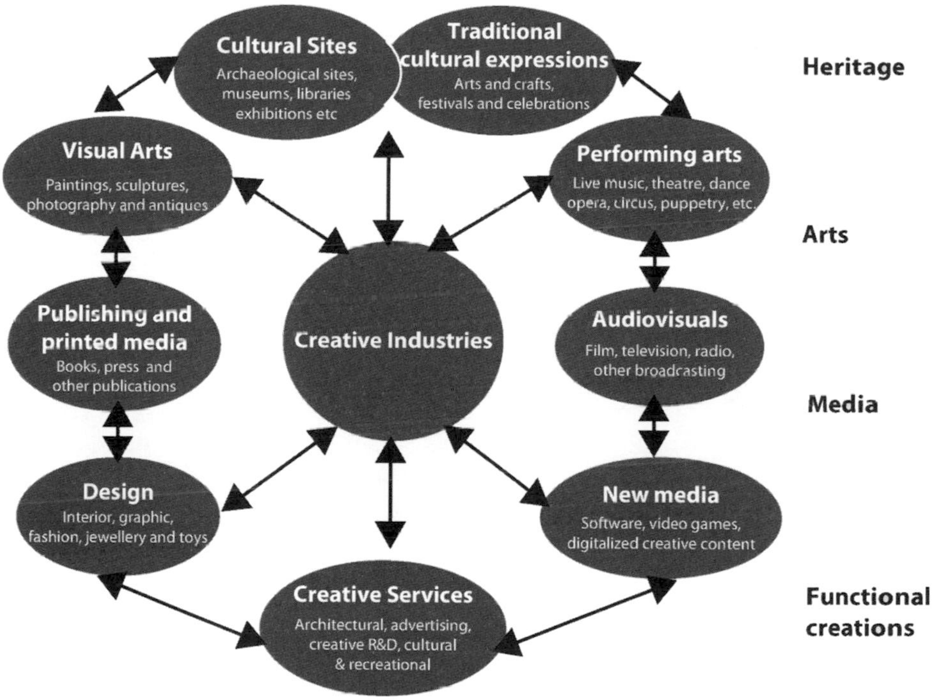

聯合國貿發會議（UNCTAD）針對「創意產業」賦予文化遺產、藝術、媒體與功能性創作等四大分類，可作爲興趣分類分組參考。

視角進行系列主題導論，學生則依專業及興趣分組（如參照聯合國創意經濟分類架構四大領域，Heritage 文資／Arts 藝術／Media 媒體／Functional design 功能設計等），著手收集分析產業個案資料，規劃田野訪查方法與行程。基於學生自主選擇的產業個案，參訪地點如臺北「日星鑄字行」、大稻埕「啤酒頭節氣啤酒」、嘉義「故宮南院」、臺南「奇美博物館」、花蓮「島東譯電所」選物館、潘朵拉創意設計等，從中找出文化資產、創意生活、博物館、藝文、設計產業等發展問題，開發創產體驗的轉型提案。

下學期的進階課程，則改以「創意經濟」爲主題，鼓勵學生跳脫創產創意產業類別界定，以更寬廣跨域的視野，思考傳產、製造、服務、創產、科技等產業結合創新的可能。例如，在基礎概念課程後，第一場校外體驗活動便以每年春季在臺南後壁區舉辦的「臺灣國際蘭展」爲起點，從這場國際級博覽會的參與體驗開始，思考蘭花產業如何能更好地結合農業花藝、生活風格、觀光餐飲、生物科技、國際交易，從在地到國際，融入城市與人民生活風格的發展願景。

完成在地參訪體驗約期中階段，學生則進入自主規劃、議題發展、串聯各組參訪計畫的準備階段。全班師生一同密集走訪花東地區，如原住民藝術聚落、文創園區、自造者工廠、稻米文化村、太魯閣等，探索傳統文化如何跨域結合、驅動地方創意經濟。最終，學生基於花東文化的參訪體驗，回到臺南，著手反思下列議題：如校園所在的臺南市如何推動有助於外國遊客的英語友善城市、池上稻米村單車行如何反思臺南T-Bike共享單車推廣策略、手藝自造者工廠又如何啓發優化創客教育、花東藝術聚落互動交流，反思藝廊參觀淪為拍照打卡的風氣、太魯閣的自然奇景觸發幸福感的室內空間設計等主題，將平常上課的教室空間翻轉成體驗×實驗空間展場，展出創意產業跨域結合的創意經濟未來情境及行動方案。

「臺灣國際蘭展」和東京蘭展、世界蘭展並列爲全球三大蘭展，提供傳產跨域發展創意經濟的體驗場域。

實踐二：結合全球永續發展議題

近年來，隨著聯合國推行「永續發展目標」（Sustainable Development Goals，SDGs）及在地化行動，文創產業如何貢獻永續發展的角色也愈受重視，這項全球—在地議題，也融入體驗研析課程的設計，在全所師生共創的精神下，將課程設計分三階段進行議題研析—情境發展。

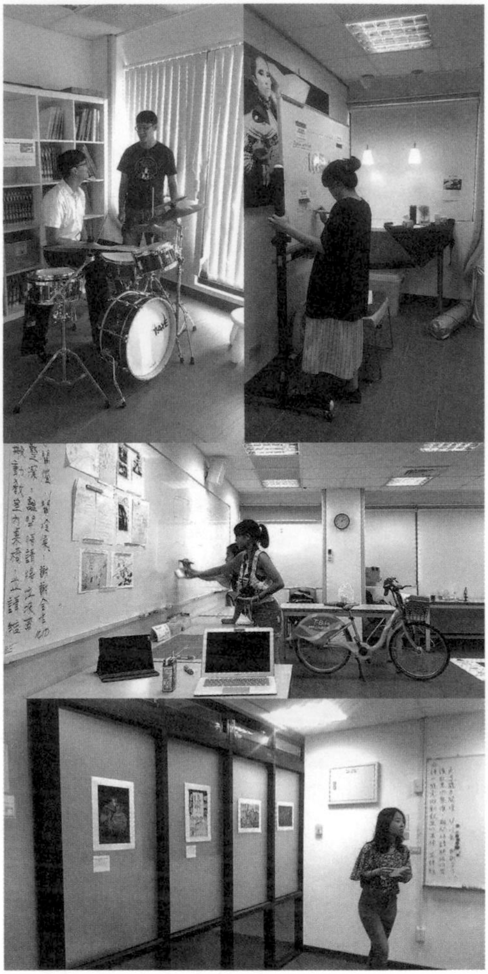

第一階段仍是透過一系列基礎概念研討，引導創產與永續發展目標之間的關聯議題，並同步進行學生分組，展開臺南在地的參訪體驗。學生依興趣選擇的場域如：

「文化創意產業」定義的先後版本

二〇一〇年臺灣正式通過施行「文化創意產業發展法」，歷經十年於二〇二〇年進行修訂。從文創產業定義的新舊版本可看出政府對於健全產業循環發展的企圖。

二〇一〇年版：源自創意或文化積累，透過智慧財產之形成及運用，具有創造財富與就業機會之潛力，並促進全民美學素養，使國民生活環境提升之產業。

二〇二〇年修正草案版：指源自文化積累、內容或創意，透過研發創作、生產製造、傳播流通，生成及運用智慧財產，具有創造財富與就業之產業。

文化部官網參考資料：

傳統日夜市場、廟宇祭拜活動、獨立書店、休閒農場、糖廠酒廠、藝術園區、老街商圈等，觀察其中的永續發展議題。

第二階段進入期中，學生基於在地體驗心得，規劃臺南市以外的田野訪查計畫，並輪番上陣闖關，向全所每位老師進行多回合的圓桌簡報提案(Roundtable Briefing)，收斂所有老師給予的回饋，修訂永續議題的研討方向與田野計畫。學生參訪場域與研究議題的連結如下：臺北士東市場/寧夏夜市—目標12責任消費與生產、福建泉州茶都—目標15陸域生態、青鳥書店/誠品書店—目標8良好工作與經濟成長、臺東原民館/阿米斯音樂節—目標11永續城鄉等。

第三階段，期中至期末為最密集的田野體驗期，約有五週時間，以每組學生自主規劃主導、兩名跨組教師協同從旁輔導的方式，學生在五週內完成參訪、收集、分析實證，並透過開放性的實體展示與師生互動，獲得此階段田野工作的講

聯合國「二〇三〇永續發展目標」，範疇包含環境、經濟、社會三大面向，共訂有十七項目標。

聯合國官網參考資料：

評與回饋。接下來，則再經由研究方法與設計思考的工作坊進行田野資料檢視與收斂。

最終，學生參照各項永續發展目標下的行動方案準則，明確連結場域議題與特定的發展目標，發想願景想像與短中長期在地行動，利用系所空間展示永續發展的願景情境。

「創意產業體驗與研析」師生共創課程設計活動。提供／創產所

第二門課

「創意服務設計」：貼近社區與人心

文化與創意如何能爲產品與服務加值？又如何從文化生活中長出更有人文味道的服務？

在「國家發展委員會」的經濟小辭典網頁中，有著「文化創意服務業」一詞的定義說明如下：「依據『服務業發展綱領』，文化創意產業係指源自創意或文化積累，透過智慧財產的形成與運用，具有創造財富與就業機會潛力，並促進整體生活環境提升的行業。」

的確，文創產業爲服務經濟的一環，攸關國家經濟轉型，然而文化與創意如何爲產品與服務加值？如何從文化生活中長出更有人文味道的服務？這些年透過本所「產業與服務創新組」的必修課程「創意服務設計」(Creative Service Design)，我與同仁楊佳翰老師合作，發展出以臺南社區、產業、族群爲對象的課程實踐。

從文化生活中發展同理心

在服務場域設定上，我們試著關照城市中的發展議題：如文創場域的轉變，如臺南市政府近年推動的各型藝術與文創聚落（神農街、蝸牛巷、新美街、三二一巷藝

術聚落、藍晒圖園區等）、社區發展（如臺灣最早開發的區域—臺南安平區轄內社區，建平里、王城西、海頭等社區），或是食衣住行育樂等生活相關的服務場域（如夜市、服飾店、住宿、校園、交通等）。

在服務設計對象上，依據場域屬性的不同，可設定爲街區店家（如傳統市場／臺南老店／文創生活風格業者）、在地社群（如社區銀髮族居民／親子家庭／國際學生／觀光遊客／企業客戶）等不同族群的商業或生活創新需求。

第一階段的課程基礎概念篇，以「創意經濟」、「服務經濟」、「服務設計思考」的理論概念與演進趨勢爲出發，引導學生思辨有形產品與無形服務的屬性差異與共生關係，想像創意—服務—設計三面向的整合。第二階段學生跨域分組後，開始導入設計思考流程，學生逐步進入在地場域，透過實際觀察、互動訪查、多次在場域中與課堂上的分享反饋，鼓勵學生打破框架，培養同理心、創意思考、複雜問題解決等素養。

一學期中，陸續在設計思考的四大階段：探索（Discover）、定義（Define）、開發（Develop）、實行（Deliver）中，適當結合服務設計的工具，如人物角色（Persona）、設計觀點（Point of View）、我們如何（How Might We）、利害關係人地圖（Stakeholder）、顧客旅程地圖（Customer Journey Map）、服務藍圖（Service Blueprin）等，引導學生發展創意服務設計提案。注[1]

從在地族群中創造共創

服務設計，從在地社區開始，例如以臺南市文史資源豐富的安平區，檢視四個不同社區的在地鄰里社區服務、觀光服務轉型等核心問題及服務開發的潛力。如社區內居民對於老厝文史空間的活化再利用、親子家庭跨代互動的社區里民中心活動設計、國際觀光客與在地長者的共創導覽服務等。最終，學生的服務設計成果則利用社區活動中心，邀請在地老少居民與專家學者一同參與回饋講評。活動現場學生必須透過臺語、國語、外語的交流轉譯，在語言、文化與人際互動之間共創。

臺南安平社區鄰里長受邀前來課堂與學生交流，參與服務設計原型測試，文化與語言間的轉譯很是生動。

課程期末發表安排在社區活動中心或創意基地展場，邀請社區代表／居民／專家學者前來指導講評服務設計提案。

第三門課

創意設計管理：在創意夢想與創業現實之間

創業，從認識自己的特質及需要互補學習的地方開始！

創意可以管理嗎？如何管理？創意人與創業者有哪些不同特質？從創意到創業的過程如何設計？

Managing Creative Enterprise ——這門選修課又名「創意設計管理」，不同於一般創業管理課程強調商模的形成，這門課更關注讓學生認識自我的核心價值、天賦、專長、創意思考與溝通風格，如何影響從個人創意到團隊創業的歷程。

創意與創業發展的路上，都會歷經「向內—自我檢視」、「向外—連結互補資源」的探尋過程。從個人創意靈感的隨機出發、天馬行空的想像，到尋求夥伴團隊、資源檢視，都在尋找一套具有自我風格、彈性又自主的管理方法。但若不希望創意只是一次性的專案操作、曇花一現，接下來的挑戰還包含：企業組織化、品牌化、策略化發展，這段發散與發展的過程透過創意與創業管理工具的輔助，一步步收斂成一份足以展現自我價值、吸引投資、創造市場的商業計畫書，Make the most of the best！讓團隊成員的天賦專長有機會創造多樣價值。

從個人到團隊

創業，從認識自己的特質及需要互補學習的地方開始！開學第一堂課，開門見山，讓學生透過 Entrepreneurial Skills Check List（創業技能檢核表），認識自己創業的初始條件、能耐與不足之處。創業所需的九項技能如下：如研究分析（Research & Analysis）、溝通（Communication）、想法生成與創意思考（Idea Generation and Creative Thinking）、社交網絡（Networking）、理財素養（Financial Literacy）、商業意識（Commercial Awareness）、領導（Leadership）、談判（Negotiation）與管理（Management）能力等。注[2]

在學生團隊組成上，可重組學生來自不同文化、專業、產業興趣的背景差異，創造團隊中的多樣性與互補性，並引入創意思考理論與工具，如「聚斂性思考」（Convergent Thinking）、「擴散性思考」（Divergent Thinking）、「水平思考法」（Lateral Thinking）及「六項思考帽」（Six Thinking Hats）等，讓學生認識自己與團隊成員在思考風格上的差異，練習轉換或跳躍嘗試其他思考風格的彈性。注[3]

從團隊到專案

創意產業中，充滿著大量一次性的彈性專案與計畫型組織，此時「創意簡報」（Creative Brief）與「專案管理」（Project Management）等工具使可派上用場。

創意發散收斂、創業參訪學習歷程。

一方面為了鼓勵不同背景的團隊成員有效溝通，將抽象的創意具象與視覺化，透過創意簡報（Creative Brief），可將各個成員的想法收斂聚焦在同一頁面，形成一份簡明且圖像化的對內對外溝通提案工具，一目了然地展示說明目前市場上的挑戰或契機，定義問題：包含計畫的背景與目標、市場定位、主要競爭對手、溝通信息風格與管道、時間人力預算及利害關係人等資源與限制。

另一方面，透過創意簡報達成共識後，也必須務實地思考執行上的現實挑戰，還須透過專案管理在「定義、組織、人力、計畫、控管」上的工具來有效管理專案時程、成本、人力等資源的運用調度，在時程內達成目標。

然而，重視資源控管與目標績效達成的理想化專案管理工具，往往難以「控管」創意團隊中尤其需要的人際互動、情緒張力、隨機創意等非理性與彈性因素，也因此更考驗創意人的自我管理、團隊溝通，以及專案管理者在理性與感性之間彈性的拿捏。

從專案到創業組織

從創意簡報的初步企劃轉換到商業模式的過程中，可彈性運用創意創業的步驟化工具，如：英國創新研發智庫NESTA的「創意創業工具書」（*NEAST The Creative Enterprise Toolkit*）及「商業模式圖」（Business Model Canvas），逐步構建、測

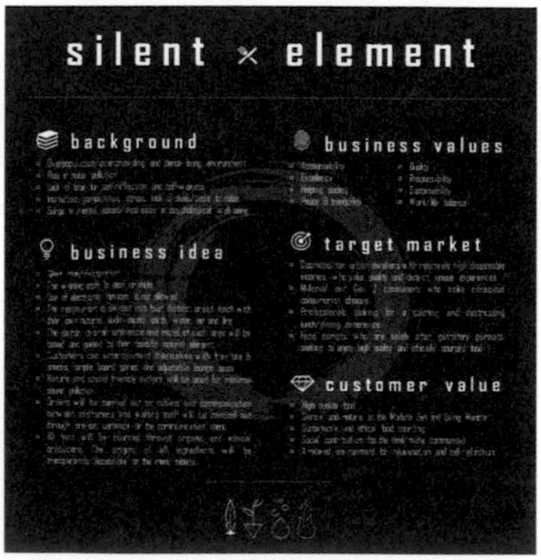

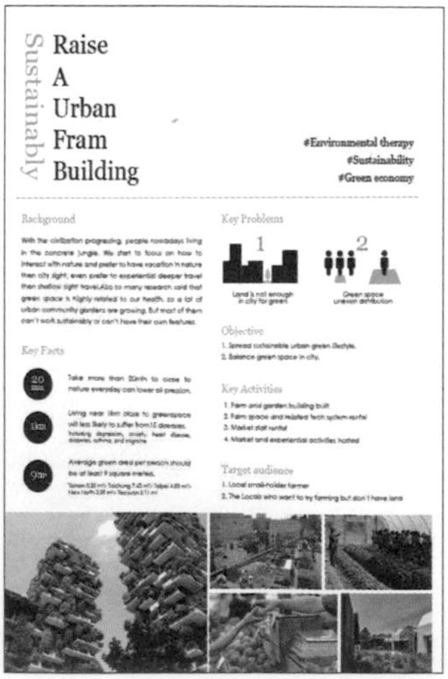

學生創意簡報示例，將創意企畫主要概念與訊息集結於一張視覺化的頁面。

試、溝通，從個人與企業的價值觀、產業現況與定位、行銷組合、顧客關係、成本及獲利管理等商業計畫要素，帶動團隊成員對於企業的使命、遠景、策略等短中期發展目標的討論，及組織成長相對應的財務需求。

最終，除學生團隊須完成各組的商業計劃書（Business Plan）外，我個人尤其重視小組成員的相互與自我評量，了解學生在過程中的參與（Participation）、溝通（Communication）、貢獻（Contribution）與團隊精神（Team Spirit），認識自己在此創意創業歷程中的學習、適應與改變。

一路學習過程中，除了課堂上的理論研討、工具演練外，可依學生創業主題興趣，結合校內外產官資源，如參訪創意基地、文創育成中心、共創空間，或邀集校外業師或創業校友、新創業者，分享交流創業動機與心路歷程，貼近創業的現實挑戰。

英國創新研發智庫 NESTA 創意創業工具書（*NEAST The Creative Enterprise Toolkit*）

本書提供一系列創業步驟的說明與工作單的演練。

「商業模式圖」

(Business Model Canvas)

是由《獲利世代》（*Business Model Generation*）作者亞歷山大・奧斯瓦爾德（Alexander Osterwalder）與其團隊所提出，以視覺化、深入淺出方式拆解商業模式的九大相互關聯的組成元素。

許一個承諾：從文創臺前到幕後的人才培育

文創產業不應只有藝術家、創意人、生意人、科技人、年輕人，需要被跨越連結的，也不僅是產業藩籬、地域疆界、世代隔閡，許多社會文化刻板印象與包袱，還有待我們以更有創意的方法去突破！

在臺灣文創產業快速發展、看似新興蓬勃的表象背後，被忽略的根本問題有哪些？這些年透過幾項研究計畫，我陸續以創意產業—創意經濟—創意生態爲主軸，關注產業背後關鍵人才的發展議題，這裡分享過程中的些許回饋與心得。

文創產業—人才流動，編織跨域網絡的幕後

創意產業的跨業跨域合作、聚集發散、融合創新，仰賴著創意人才的流動，編織出一張張看似光鮮但卻也脆弱的網絡圖樣。近年在兩岸文創人才往來合作背景下，有機會透過科技部計畫，一系列訪談參與負責兩岸影視合製的臺灣資深影視製片人，試著理解臺灣人才在兩岸移動與互動過程中，在網絡表面張力背後的文化、創意、產業發展課題。注[4]

許多人認爲，創意人才跨界跨域發展，多只是爲了追求更大市場利益的現實考量，然而這樣的認知往往也忽略了創意人才需要在多元、異質化環境中成長，及專

何謂人才？

「人才」（talent）一詞，在西方社會源於遠古時代希臘與羅馬文化，為一重量單位，指透過交換該重量的貴重金屬，具有貨幣交易價值及珍貴性。在浪漫主義時期，「人才」為擁有先天才賦的個人，強調展現個體獨特性與差異性，而「天賦」是否可經由後天教育加以培訓也成為探究重點。在工業時代，因應產業需求，天賦人才理論演化為可經由訓練養成之技能型人才。邁入文化創意經濟時代，人才發展則從技能型轉向追求知識型、複合型、跨域型人才。

業學習上的需求。如兩岸人才在合作中，因爲生活文化與社會價值差異的不同成長背景，往往造成彼此互動上的相互適應或摩擦，引發創意上的妥協與激盪。對於臺灣文創人才來說，當亞洲文創經濟崛起，當中關鍵的華文文創市場夾雜著兩岸文化、政治、經濟等錯綜背景，讓兩岸人才必須面臨文化、歷史、政治立場等認同問題外，還有自我專業職涯及市場前景發展上的權衡取捨。

如一位資深電影製片人在訪談中加重語氣地強調：「對岸多種的文化差異與生活水平落差，提供臺灣人才練兵環境，但最重要的是怎麼讓臺灣人才在不同文化市場間自由創作、合作，吸取彼此的養分，怎麼爲臺灣人才開拓出多樣的國際發展路徑，才是我們要面對的長遠課題。」

創意經濟—六都城市文化生活圈的幕後英雄

文創人才的跨域流動不僅爲產業編織萬花網絡、創造活水，也驅動著城市文化生活圈與競爭力。臺灣自二〇一〇年施行「文化創意產業發展法」後，文創產業由中央主導逐漸轉型爲縣市地方政府自主，加速了城市發展自我特色的競賽，也促使如今人們已習以爲常的年度博覽會、主題節慶、燈會盛事等大型城市品牌活動。透過另一項科技部研究計畫走訪臺灣六都（臺北市／新北市／桃園市／臺中市／臺南市／高雄市），訪談各個城市主導或長期參

創意產業人才的流動與專業成長，
是長遠的課題。

Photo by Sarah Pflug from Burs

與推動文創產業的文化局處主管人員、在地文創企業、地方社區代表、意見領袖等，試著理解城市發展創意經濟背後的產官學民互動合作的模樣。注[5]

透過系列訪談發現，在文創產業驅動城市競爭與轉型的趨勢下，六都市府推動文創產業政策能否奏效、營造人民有感的文化生活圈，取決於是否能夠培養吸引人才、留駐人才，並讓人才與社區互動友善的環境，透過多元的方式讓創意人才爲城市帶來改變，讓人民在改變過程中有更多初期且長期的參與及理解，讓創意經濟是從城市在地「長出來」的有機成果，而不只是空降「做出來」的人工政績。

此外，在這些成果或政績的背後，在城市一項項活動規模更大、更龐雜，牽涉更多產官學民與行政部門整合的政策計畫中，承載執行成效的基層公務人員如：市府權責單位文化局轄下的執行科員，往往是最被忽略，但卻也是最關鍵的創意經濟「基礎建設」人才。這些基層執行人員就像是城市創意經濟生活圈重要的催化劑，她/他們往往不分假日，在一場場市府局處內外部會議與活動現場中穿梭，像隻工蟻工蜂，辛苦地爲城市交織疊加著一道道光環，不僅需要充分利用自我的行政專業，還得懂得連結、善用長期累積的在地人脈社會資源，滿足偶爾如天降神兵般的創意人才各項需求，動員整合多方專業與在地社區人士，達成被交辦的任務與政策目標。

在訪談對話過程中，常可以感受到市府受訪人員不自覺地分享「個人感受」及「工

創意人才看似彈性自由地跨域移動、開創舞臺、激盪創意，但也面對著自我認同與文化上的適應與挑戰。

Photo by Matthew Henry from Burst

作挫折」，也反思著當政府愈來愈開放、愈需要整合產官學民多方合作時，身爲公務人員必須在一個充滿張力拉扯的網路組織中，扮演轉換角色、跳脫傳統官僚分工結構，扮演好對內對外的溝通角色，也因此面臨時間與心力上的壓力挑戰。

在城市競爭創意經濟的亮麗背後，市府基層執行人員的個人情緒與專業成長需求，值得我們給予更多的鼓勵與關注。

創意生態—「人情味」的臺南，民衆的力量與想像

近年全球產業環境以無法想像的速度變異，如一夕之間爆發的疫情，文創產業驅動「創意經濟」的網絡觀也轉化深化爲「創意生態」的健全觀，期許更健康永續的發展之道。

創意經濟之父約翰・赫金斯（John Howkins）繼《創意經濟》之後，提出《創意生態學》，如緒論中所言，創意生態提醒我們，創意人才與多樣化的網絡並不足以支撐創意經濟永續發展，更必須要讓生活圈中的多樣物種、群落、環境連結作用，發展出自我解決問題的能力。

二〇一八年，成大創產所及都計系研究團隊透過「臺南市文創產業生態升級—策略規劃案」檢視臺南市文創產業的轉型需求，發展創意生態行動方案。我們透過田

城市創意經濟光環源自於地方生活圈裡人民與人才的凝聚，以及許多基層人員的辛勞與心力。

Photo by Rahul Pandit from Burst

野過程中一系列的研究活動，觸動產官學研民各界的對話與互動，包含市府跨局處人員（不僅是文化局，也包含都發／經發／教育／農業局及研考會等）、在地文創業者、傳產業者、社區代表與專家學者的面對面訪談、焦點座談會、共創設計工作坊等，一步步梳理臺南市文創產業發展的共識、議題、核心價值與城市願景想像。

其中特別的是，爲了擴大民眾在過程中的參與，我們在計畫期中階段籌辦了〈心享・市城・百年・好合〉「臺南文創生活城市二〇二四願景共創展」，透過臺南中西區「愛國婦人館」與新化區「找春文創食堂」兩處分別位於臺南城區內外，同爲日式古蹟與兼具在地及觀光人潮的場館，邀請民眾與遊客共創，分享心中對於臺灣文化首都——臺南市文創產業發展的期待。

透過展覽期間的訪談互動與問卷中發現，不僅是臺南市民，外地來訪的觀光客對於古都臺南的未來與文創發展都寄予期望，樂意花時間透過展覽工作單進一步了解臺南的文創願景並給予創意回饋，試著將每一個行政區內不同的地、產、人等特色特產創意組合、發揮想像。尤其，針對臺南市的願景之一：發展「城市美學品牌」有著高度認同與共鳴。此外，我們也邀請參展民眾留下一句話「送給臺南的四百年」，從留言中可看出，民眾多期待臺南發展出具有「生活風格」特色的地方創生，對於街區及老屋空間的活化保存等有著極高度的關注。民眾更留言寫道：展覽互動讓「居民看到自己的價值」，也提高他們對自己所生活的城市與文創產業未來發展的關注及想像。

參展民眾樂於參與展覽互動，留下對臺南市邁向二〇二四年建城四百年的期待與想像。

創意老化—銀髮族的自我實現

有人說，銀色其實只是種近似銀的顏色，它並不是一種單色，而是漸變的灰色，因此銀色也是最包容的顏色。

如果說，文創產業存在的價值與彈性就是在於她的包容性、隨著產業環境轉變，從「創意產業」轉化到「創意經濟」與「創意生態」，爲產業、城市、生活文化的轉型升級創造附加與多元價值，那麼我們如今已身處其中的銀光閃閃的世界，將會是當下與未來文創產業必須更深入服務與共創的場域。

這些年來在文創產業人才培育的耕耘，也讓我有機會主持幾項產業與公部門委託的「創意老化」與「長照產業」相關產學研究案。這幾項看來與文創產業並無直接關係，針對銀髮族群的研究探索，卻對我產生最深遠的影響，讓我思考文創產業可爲銀髮族群做些什麼？

在研究過程中，透過樂齡、日照與長照機構參訪、焦點座談、工作坊，先後結識了來自臺灣各地、各行各業、眞誠的熟齡樂齡朋友，無私地分享她/他們生命裡的緣分與註定、灑脫與取捨、喜樂與牽掛，也看到長照產業環繞在照護者與被照護者的深刻需求。那一段看來像是一般產業研究計畫的過程，其實像是與長輩們一同跨越時空的旅行，看到銀髮族的過去與現在，也彷彿看到自己的未來，一陣子的經歷，

Every cloud has
a silver lining.
每朵雲都有條銀邊，
比喻不幸或黑暗過後，終歸有光明。

Photo by Jacob Mejicanos on Unsplash

成爲一輩子的映照。

如果我們運用文創的想像，那麼我們對於銀光世界的願景在於如何提供多元、彈性、具有在地文化意義的服務，鼓勵引導銀髮族群持續參與社區社群活動，產生多樣連結，從中認識自我身心靈的需求，協助跳脫年長者就是社會資源「消耗者」的負面印象，透過他們自身的活動參與及行動，轉化成爲樂意與不同世代夥伴互動、展現自我經驗與專長，成爲能夠爲社會大眾創造價值的「生產者」與「共創者」！

文創產業不應只有藝術家、創意人、生意人、科技人、年輕人，需要被跨越連結的，也不僅是產業藩籬、地域疆界、世代隔閡，許多社會文化刻板印象與包袱，還有待我們以更有創意的方法去突破！

旅程中點：文創「使看不見的東西被看見」

「文學，指的是最廣義的文學，包括文學、藝術、美學，廣義的美學。爲什麼需要文學？了解文學、接近文學，對我們形成價值判斷有什麼關係？如果說，文學有一百種所謂的「功能」，而我必須選擇一種最重要的，我的答案是——德文有一個很精確的說法—— macht sichtbar，意思是「使看不見的東西被看見」。

作家龍應台老師多年前這段對於文學功能的詮釋，也足以說明文化創意之於產

銀髮族群友善的生活環境，需要更多元的跨界。

Image by StockSnap from Pixabay

業、城市、地方、市民、族群的存在意義，它讓原本無形或被忽略視而不見的資源，透過人們的起心動念、靈光乍現、跨界共創，讓資源在無形有形間轉換，充滿變化，以更深刻、更生動的方式存在於人們的生活與生命歷程當中，產生有意義的價值。

二十多年來，我先後以文創工作者與文創教育工作者的身分，隨著文創產業的演進，似乎走了一回點、線、面、體的旅程，從創意產業的人才網絡、創意經濟的城市網絡，到以人與生活圈爲核心的創意生態，讓我得以身處文創、跨越文創，與更多元廣泛的產業、城鄉、社區、族群互動。有幸透過教學與研究活動，讓我在土壤中耕耘也挖掘問題，也愈發覺在文創看似百花綻放的表土深處，人才的成長、適應、學習與改變的根本需求，仍然考驗著我們的創意去發展問題的解決之道與願景的想像，讓一切的變異成爲源源不絕的養分，讓文創不只有自由與彈性，更具有自我修復、生生不息的韌性。

成大榕園，百年老樹，百年樹人。

注[1]：服務設計工具可參考 Stickdorn, M.（二〇一三）《這就是服務設計思考》（*This is service design thinking: Basics, tools, cases*），池熙璿譯，新北市：中國生產力（原作二〇一一年出版）

注[2]：此版爲「英國倫敦政經學院職涯服務檢核表」（LSE Careers Service）

注[3]：上述創意思考工具參考心理學家愛德華·狄波諾博士（Dr.Edward de Bono）相關著作

注[4]：Chung, H. L. (2018) 'Brain Drain or Brain Gain- Examining the Talent Networks with the Audiovisual Co-Production between Taiwan and Mainland China' in Routledge Handbook of Cultural and Creative Industries in Asia (eds) London: Routledge ISBN-10: 1138959928；科技部計畫：「創意影音產業之人才網路研究：以兩岸影視內容生產合作爲觀點之探討。」

注[5]：科技部計畫：「臺灣文創產業政策推動之產業網路研究：以臺灣六都經驗觀之」

View 觀點02

文創20⁺，我們依然在路上！
6條從英國到臺灣的探索路徑　6套實驗與實踐心法　6道眞實的成長風景
Stay on the Road : Six Paths on the Cultural Creative Industries

作者：仲曉玲、郭紀舟、蔡宜眞
蘇于修、林慧美、劉華欣
主編：林慧美
校稿：尹文琦
設計：蕭士淵
插畫：daisy ho

發行人兼總編輯：林慧美
法律顧問：葉宏基律師事務所
出版：木果文創有限公司
地址：苗栗縣竹南鎮福德路一二四之一號一樓
電話　傳眞：（〇三七）四七六—六二一一
客服信箱：movego.service@gmail.com
官網：www.move-go-tw.com

總經銷：聯合發行股份有限公司
電話：（〇二）二九一七—八〇二二
傳眞：（〇二）二九一五—七二一二
製版印刷：禾耕彩色印刷事業股份有限公司
初版：二〇二一年四月
定價：四八〇元
ISBN 978-986-99576-1-8

國家圖書館出版品預行編目（CIP）資料

文創20⁺，我們依然在路上！：6條從英國到臺灣的探索路徑╳6套實驗與實踐心法╳6道眞實的成長風景 = Stay on the Road: Six Paths on the Cultural Creative Industries／仲曉玲，郭紀舟，蔡宜眞，蘇于修，林慧美，劉華欣合著．—
初版．—苗栗縣竹南鎮：木果文創有限公司，2021.04
240面；16 x 23公分．—（View_ 觀點 02）
ISBN 978-986-99576-1-8（平裝）
1. 文化產業 2. 創意 3. 創業

541.29　　11000 1494